세계에서 가장 못생긴 동물은?
블롭피시!

내가 그렇게 못생겼어?

블롭피시: 호주 근처 깊은 바다에 사는 물고기. THE UGLY ANIMAL PRESERVATION SOCIETY에서 가장 못생긴 물고기로 선정했다.

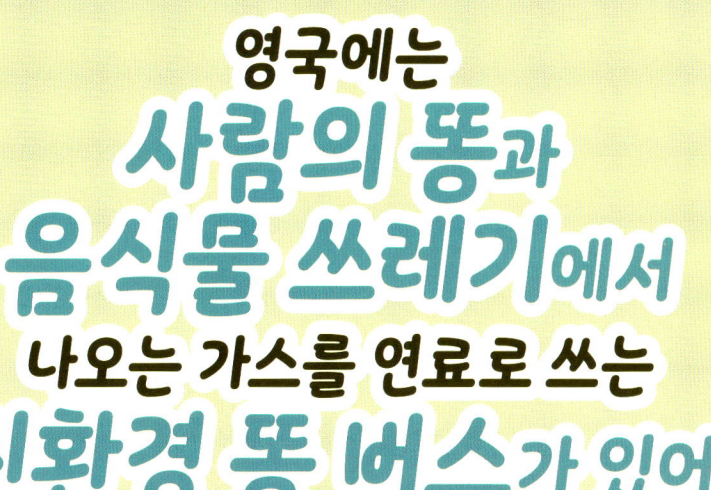

영국에는 사람의 똥과 음식물 쓰레기에서 나오는 가스를 연료로 쓰는 친환경 똥 l버스가 있어.

뿌직!

연료: 열, 빛, 움직이는 힘을 얻을 수 있는 재료.
석탄, 휘발유, 가스 등이 있다.

자, 똥으로 말해 봐.

코뿔소는 같은 장소에 똥을 누어서

똥 냄새로 의사소통을 해. 쿵쿵!

호텔 방에서 가장 세균이 많은 곳은? 전등 스위치와 리모컨이야.

사람들이 가장 많이 만지기 때문이지.

미국 식품의약국은 작은 버섯 통조림 안에 **구더기 19마리, 진드기 74마리**까지는 있어도 된다고 허용했어.

수영장에서 나는 소독약 냄새는 사람들이 수영장 물 안에 **오줌을 누어서** 나는 거래. 우웩!

중국에서는 **판다의 똥으로** 세계에서 가장 비싼 **찻잎을** 재배했어.

난 중국의 보물이니까.

50마리의 캐나다기러기 떼가 매년 누는 똥은 약 2268킬로그램이야.

바다제비가 토해 낸 침과 깃털 등으로 만든 둥지는 영양가가 높고 소화가 잘돼. 그래서 귀한 요리의 재료로 쓰이지.

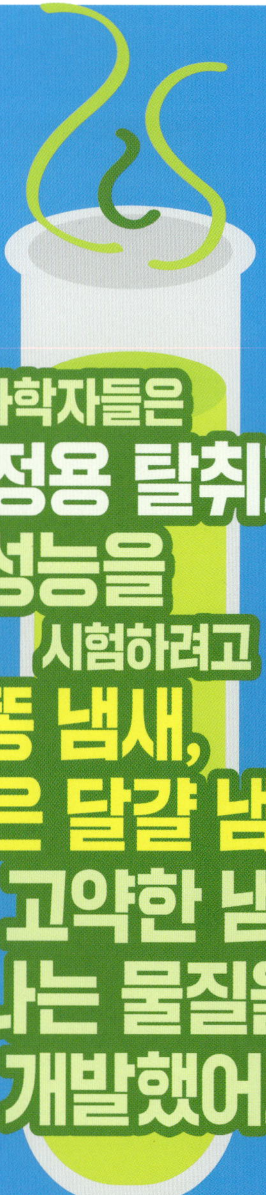

과학자들은 **가정용 탈취제** 성능을 시험하려고 똥 냄새, 썩은 달걀 냄새처럼 고약한 냄새가 나는 물질을 개발했어.

프랑스에서는 개구리 뒷다리 요리가 인기 만점이래!

사람의 머리에서 피를 빨아 먹는 머릿니는 1분에 약 23센티미터를 기어 다닐 수 있어.

14 탈취제: 냄새를 없애는 데 쓰는 약제.

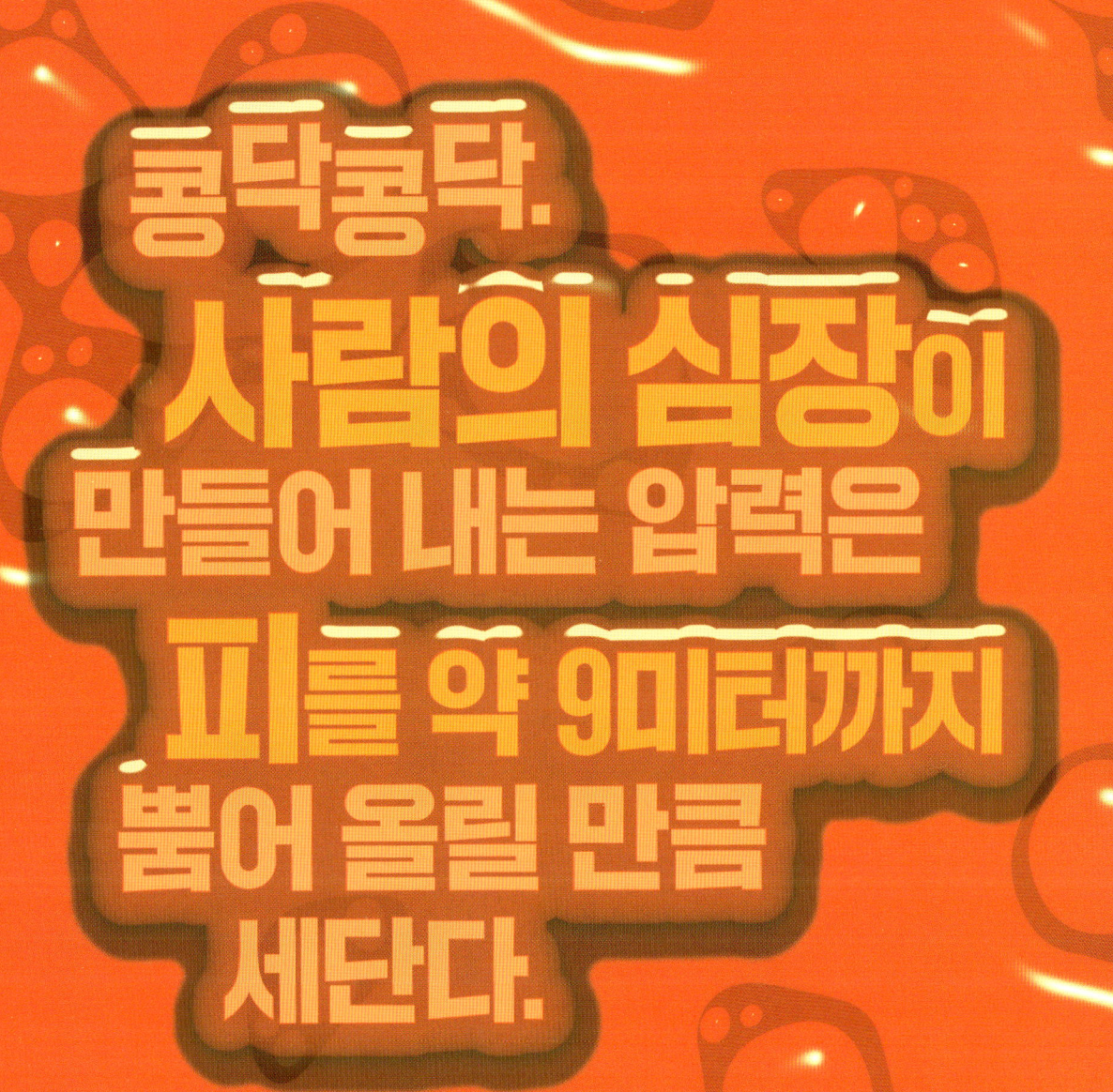

콩닥콩닥.
사람의 심장이
만들어 내는 압력은
피를 약 9미터까지
뿜어 올릴 만큼
세단다.

사람의 코에서는 20분마다 새로운 콧물이 만들어져.

먹장어는 상어 같은 천적을 만나면 **끈적한 점액을** 엄청나게 내뿜어. 놈들을 **숨 막히게 해 놓고는** 줄행랑을 치려는 거야.

악어는 단단한 **뼈**와 **뿔**까지 다 소화시킬 수 있어.

듀공을 쏙 빼닮은 매너티는 물속에서 위아래를 오갈 때 방귀를 뀌어서 움직여. 뿡뿡!

가시올빼미는 둥지에 **동물의 똥을 가져와** 가장 좋아하는 먹잇감을 불러들여. **그건 바로 쇠똥구리!**

앗, 속았다!

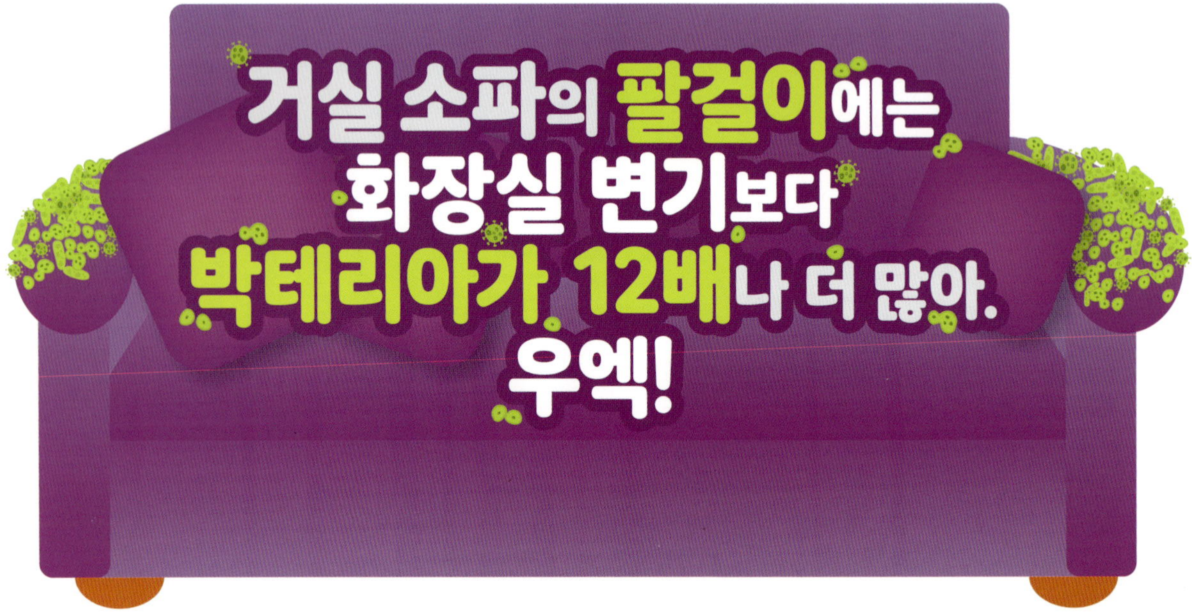

거실 소파의 **팔걸이**에는 화장실 변기보다 **박테리아가 12배**나 더 많아. 우엑!

침노린재는 영어로 '키싱 버그 Kissing Bug'라고 불러. 종종 사람의 입 주변을 물어서 붙은 이름이야.

아르헨티나개미 무리는 이탈리아부터 스페인까지 **6000킬로미터를** 잇는 거대한 개미 왕국을 만들었어.

뿔도마뱀은 적이 나타나면 눈에서 **핏줄기를 10미터 가까이** 발사해.

'시체꽃'이라 불리는 이 꽃은 몇 년에 한 번씩 거대한 꽃을 피우는데 고약한 썩은 고기 냄새가 나.

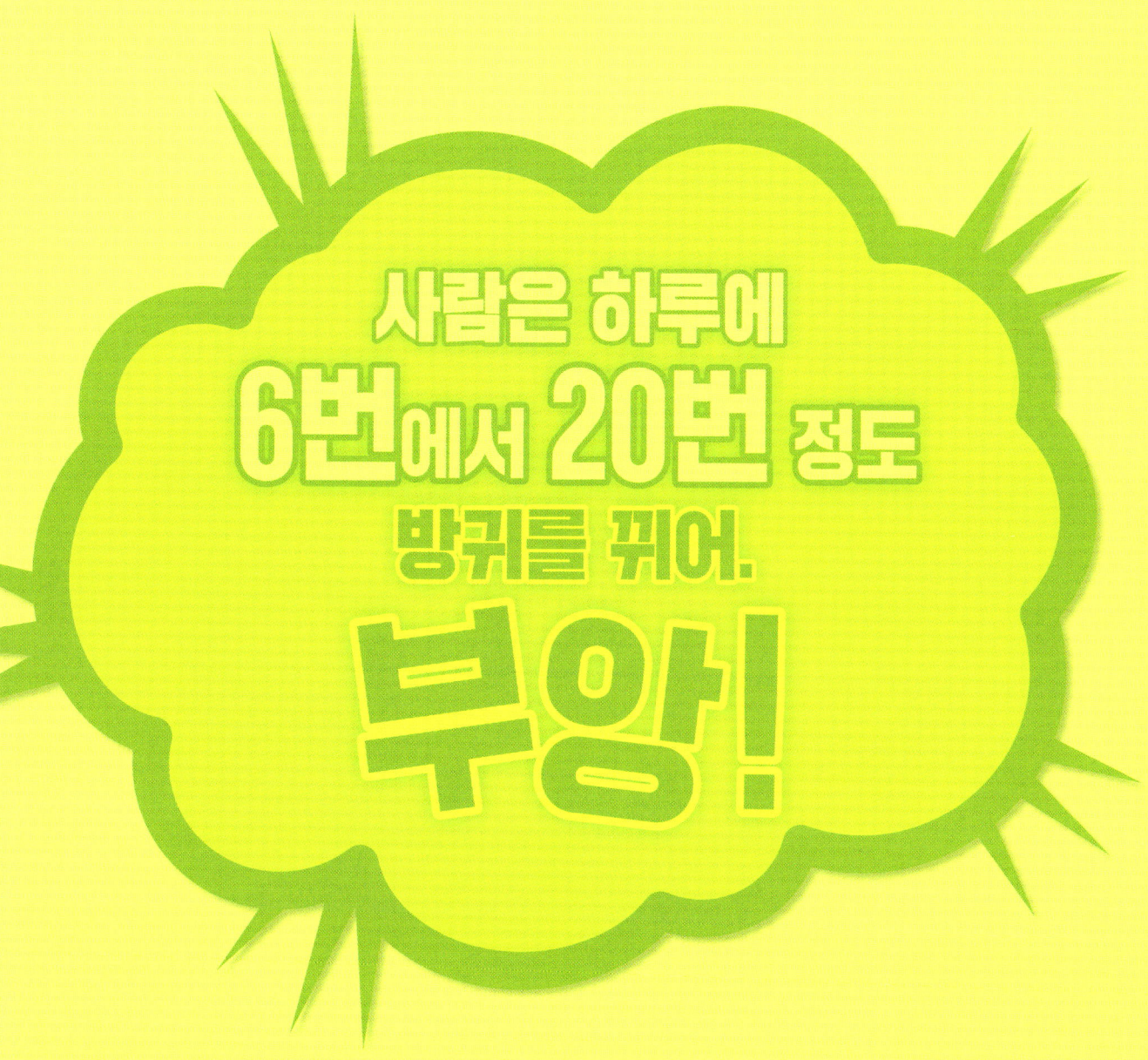

바다이구아나는 머리 꼭대기 땀샘으로 **소금을 내뿜어.** 그 소금이 굳어서 하얀 **'가발'** 처럼 보인단다.

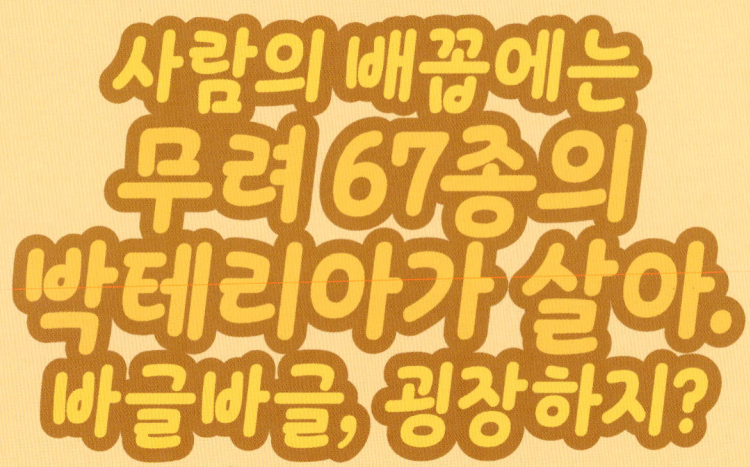

사람의 배꼽에는 무려 67종의 박테리아가 살아. 바글바글, 굉장하지?

박테리아: 하나의 세포로 이루어진 미생물. 자연이나 생물의 몸에 살며 음식을 상하게 하거나 질병을 일으키기도 한다.

어떤 곤충학자가 **말파리 유충을** 자기 피부 속에서 **두 달 동안 키우다가** 유충이 피부를 **뚫고 나올 때** 동영상으로 촬영했어.

유충: 알을 깨고 나와 다 자라지 않은 벌레.

사람의 소장 겉면을 주름을 펼쳐보면 테니스장만 한 크기입니다.

소장: 위와 큰창자 사이에 있는 소화 기관. 작은창자.

폭탄먼지벌레는 위험을 느끼면 꽁무니로 **독가스를 뿜어내면서** 후다닥 도망간대.

댕기박새는 글쎄,
자동차에 치어 죽은 다람쥐의 꼬리에서
털을 쏙쏙 뽑아다가 둥지를 짓는대.

사람의 입 속에는 전 세계 사람 수보다 더 많은 박테리아가 살고 있어. 끼악!

흰개미는 자기 똥으로 집을 지어.

어떤 이탈리아 남자가 **방귀 한 번을** 자그마치 **1분 13.057초 동안 뀌었대.**
— 방귀 길게 뀌기 세계 최고 기록이지.

2009년 기네스 세계 기록.

침노린재과 곤충은 **먹잇감**에 **구기**를 찔러 넣어서 영양분을 쪽쪽 **빨아 먹고는** 시체를 배낭처럼 **등에다 지고 다녀.**

구기: 곤충 입 주변에 있는 기관으로 먹이를 낚거나 씹는 일을 한다.

땀은 원래 냄새가 없어. **피부에 있는 박테리아**가 땀이랑 섞여서 **고릿한 냄새**를 풍기는 거지.

어떤 진드기들은 토끼 귀에서 나오는 **분비물을** 먹고 살아.

분비물: 몸에서 나오는 물질. 침, 땀 등이 있다.

주머니쥐는 천적을 만나면 침을 흘리면서 **뻣뻣한 자세로** 누워. 병든 것처럼 보이려고 말이야.

콜록콜록.

세상에서 가장 기다란 지렁이는 6.7미터나 돼. (1967년 기네스 세계 기록)

이 지렁이가 땅속을 돌아다닐 때 욕조에서 물 빠지는 것 같은 소리가 난대. 꼬르륵.

꾸엑!

바퀴벌레는 가끔씩 **머리카락,** 하수 찌꺼기도 **먹어 치워.** 심지어 **본드까지도.**

하수: 빗물이나 집, 공장, 병원 등에서 쓰고 버리는 더러운 물.

사람의 뇌는 두부처럼 물렁물렁해.

사자들은 가끔씩 털 뭉치를 토해. 그 크기는 핫도그만 하지.

사자, 고양이, 표범 등 고양잇과는 털 뭉치를 토하는 습성이 있다.

영국의 한 박물관은 진짜 '슈렁큰 헤드'를 전시했다가 치웠어. 다른 나라 고유의 문화를 구경거리로 삼으면 안 되니까. 에헴.

전시하지 마세요!

슈렁큰 헤드: 전쟁 중 죽은 사람의 머리를 잘라 특수 처리한 것으로, 옛날 남아메리카 수아족에 있었던 풍습.

북아메리카에서 발견된
나선구더기 유충은
양이나 사슴 같은
동물의 몸에 파고들어
살을 먹으면서 자라.

나선 : 소라 껍데기처럼 빙빙 비틀린 것. **41**

시궁쥐는 사람과

주로 하수구나 창고,
집의 지하실이나 농장 등에 살면서
병균을 옮기고 다니지.

네덜란드의 어떤 디자이너는 **사람의 이**로 귀고리를 만들었어. 사람들이 **코끼리 상아로 장신구를 만드는 것에** 반대하려고.

캐나다의 한 연구소는 **암을 연구하려고 24,999명의 발톱을 수집했어.**

뿌우우웅! 어떤 사람은 **방귀 소리**가 **100데시벨**이 넘어. **오토바이**가 부르릉거리는 소리보다 더 시끄러운 셈이지.

데시벨 : 소리의 크기를 나타내는 단위. dB로 표시한다.

끈끈이주걱은 **개구리 한 마리**쯤은 거뜬히 소화할 수 있어. 냠냠!

끈끈이주걱: 주로 벌레를 잡아먹는 식물로 산속에서 자란다.

아르키에드는 별명이 '암살자 거미'야. 강한 집게 턱으로 먹잇감을 푹 찔러 독을 넣고는 죽을 때까지 자기 턱에 매달아 놓는대.

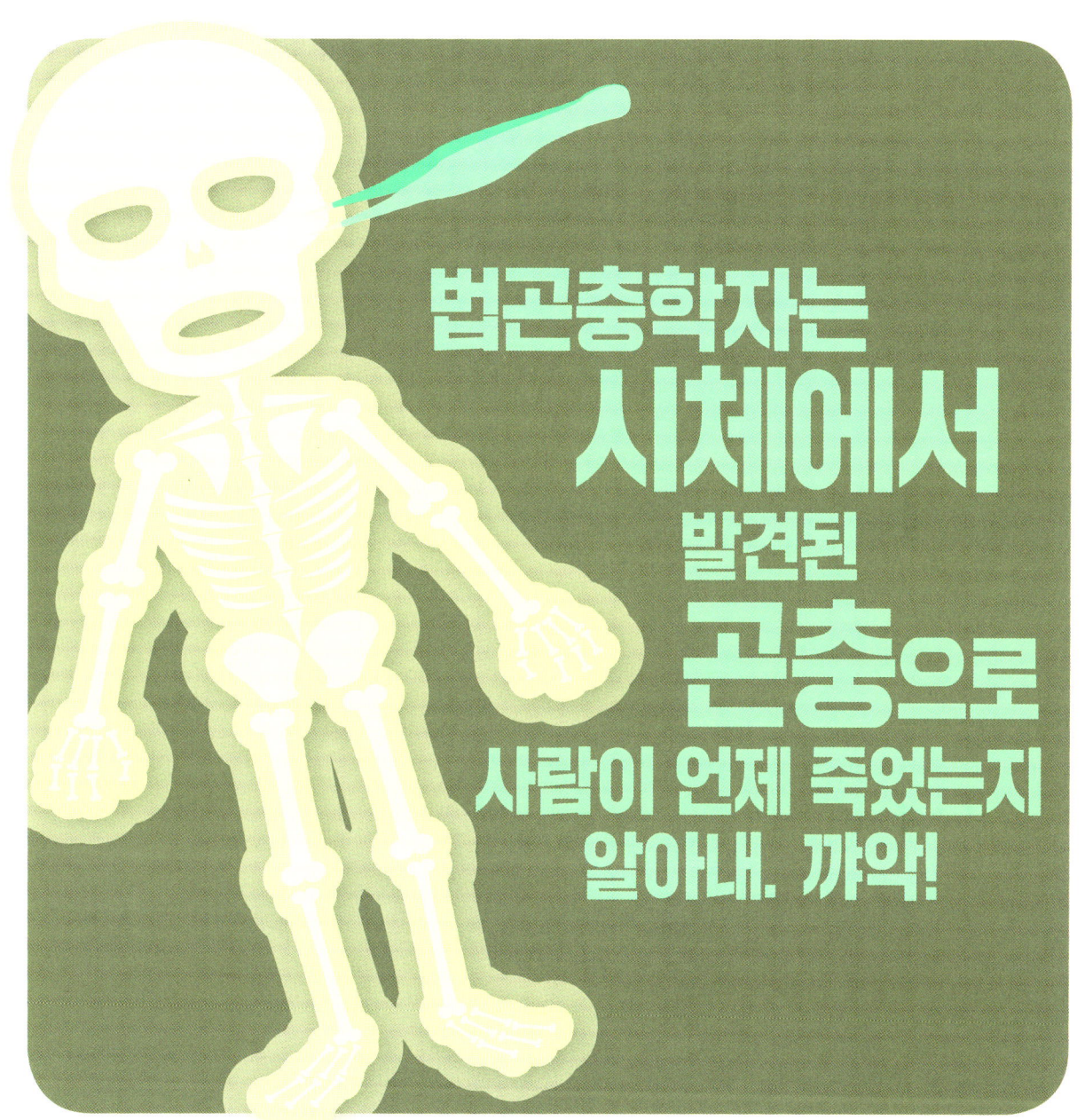

글쎄, 어른 다섯 명 중 한 명은
게다가 어른 열 명 중 일곱 명은

아주 작은 **달팽이들이 새똥 속에서** 산 채로 발견됐어. 세상에, 새한테 먹혔는데 **살아남은 거야!**

한번 먹어 보시지!

영국의 한 레스토랑에서 **30,000 칼로리짜리** '칼로리 폭탄' 버거를 만들었어. 버거 10개를 높이 쌓아 **1.6미터**나 된다나? 고기는 **8.5킬로그램**이나 들어갔대!

칼로리: 어떤 음식이 사람에게 주는 에너지의 양을 표시하는 단위.

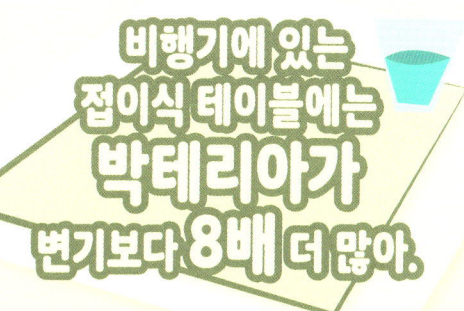

비행기에 있는 접이식 테이블에는 **박테리아**가 변기보다 **8배** 더 많아.

빨간색 젤리, 딸기 맛 요거트, 토마토케첩 같은 빨간색 음식 중 몇몇은 벌레 내장을 으깨서 만든 색소로 물들인 거야.

미국 알래스카에서는 **'에스키모 아이스크림'**을 먹을 수 있어. **순록의 비계, 물개 기름, 물고기 간 것, 알래스카 야생 베리**에다가 **눈을 섞어서** 만든 거야.

비계: 동물의 가죽 안쪽에 붙은 하얀 기름.

식빵, 도넛, 크루아상 같은 빵에는 사람 머리카락에서 뽑아낸 아미노산을 쓰기도 해.

아미노산 : 생물의 몸을 구성하는 단백질의 단위. 아미노산 중 L시스테인이라는 성분을 빵 반죽에 넣으면 반죽이 부드러워진다.

오래전 유럽의 왕실에서는 두통이랑 몇몇 가벼운 병들을 치료하려고 **사람의 뼈, 피, 지방**으로 만든 약을 먹었어.

타이완의 한 식당에는 **특별한 메뉴**가 있어. 바로 변기 모양 그릇에 담긴 '**피 묻은 똥**'이라는 **디저트**야.

한때 미국에서는 **커피 맛**, **샐러리 맛**, **양념한 토마토 맛** 젤리가 인기 있었어.

진드기는 사람의 속눈썹 모낭에서도 살아. 꿈틀꿈틀. 으악!

모낭: 피부 안에서 털의 뿌리를 감싸고 있는 주머니.

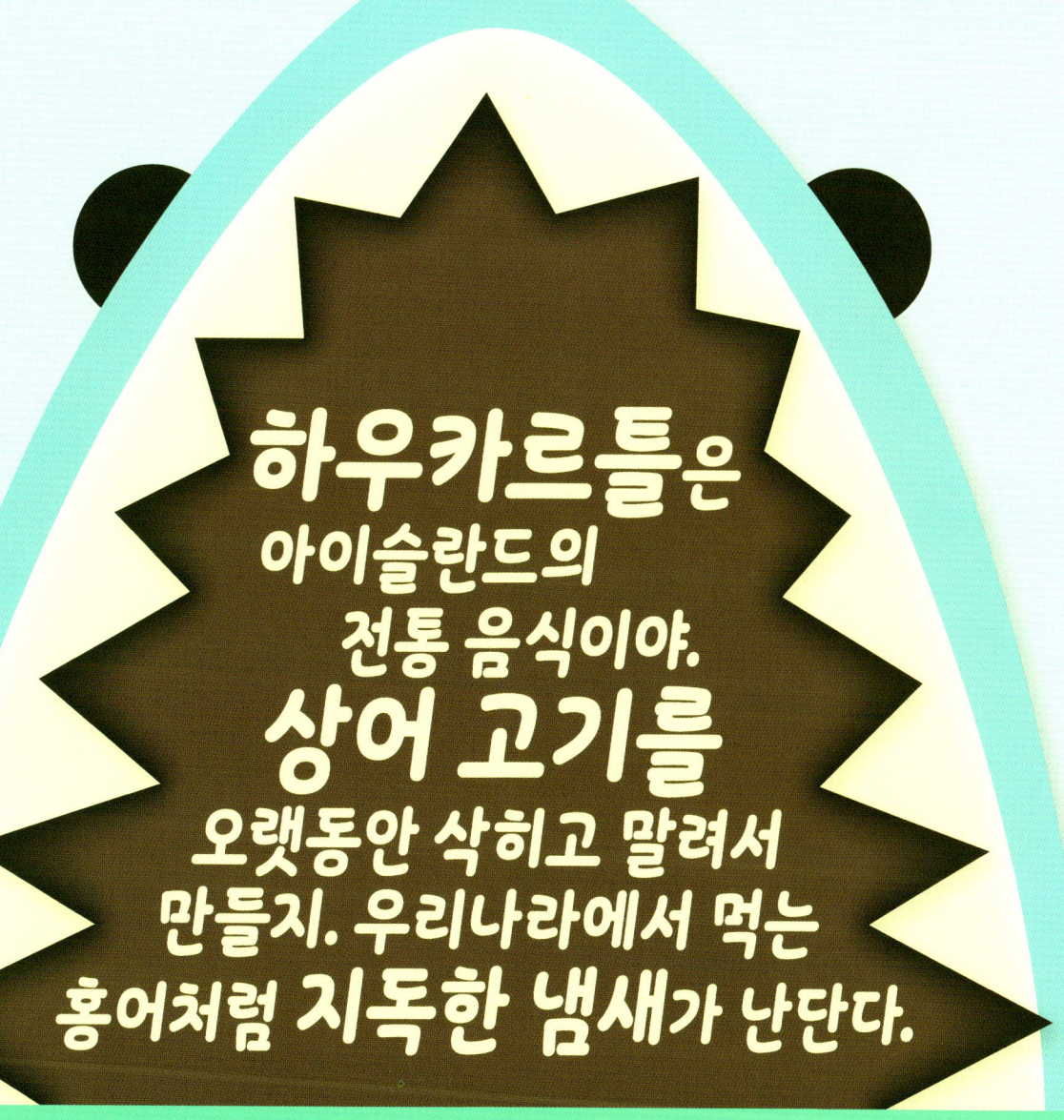

하우카르틀은 아이슬란드의 전통 음식이야. 상어 고기를 오랫동안 삭히고 말려서 만들지. 우리나라에서 먹는 홍어처럼 지독한 냄새가 난단다.

똥 화석을
전문적으로 연구하는 과학자는?
이름하여 고생물학자!

어떤 남자는 **귀에 난 털** 길이가 **18센티미터**나 되었대.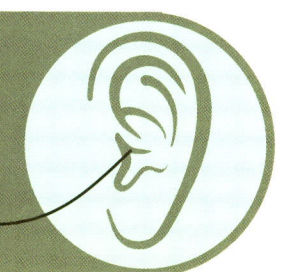

미국 한 고등학교에는 43년 넘은 크림빵이 유리 상자에 보관되어 있어.   놀랍게도 색이 조금 변했을 뿐, 곰팡이 하나 생기지 않았대.

미식축구 선수들은 아주 더운 날씨에 경기할 때 한 경기당 많으면 4킬로그램까지 땀을 흘린다고 해.

곤충을 테마로 한 '곤충 식당'에 가면 먹을 수 있는 것!

- 메뚜기로 만든 **햄버거**  
- 잘 볶은 **귀뚜라미**
- 달콤한 **개미 사탕**

어떤 인도 남자가 한 시간 동안 **물고기 509마리를** 입으로 빨아들였다가 콧구멍으로 내뿜었대.

야구 선수 **루이스 곤살레스가** 씹다 버린 풍선껌이 경매에 나와서 **천만 원이 넘는 값**에 팔렸대. 띠용!

'스핏볼'은 타자가 공을 못 치게 하려고 투수가 **야구공에 침을 묻혀 놓는 거야.** 약 100년 전에 금지되었어.

경매: 물건을 사려는 사람이 여럿일 때 가장 높은 값을 부르는 사람에게 파는 일.

저런, 카리브해를 헤엄치던 **스쿠버 다이버가** 약 30미터에 이르는 거대한 **'고래 똥 폭탄'** 공격을 받았대. 으악!

어느 고대 이집트의 무덤에서 **빈대, 머릿니, 벼룩이** 원래 모습 그대로 나왔어. 수천 년 동안 보존되었다니!

미국의 한 이발사가 50년 넘게 모은 머리카락으로 **무게 75.7킬로그램, 높이 1.2미터의 커다란 뭉치를 만들었어.**

돼지가 진흙탕에서 구르는 건 목욕을 하는 거야. 진흙이 말라 떨어질 때 진드기나 세균도 같이 떨어지지. 햐, 개운해!

침대 매트리스에는 보통 10만~1000만 마리의 집먼지 진드기가 있어.

한 독일 남자가 케첩 빨리 먹기 대회에서 396그램짜리 **토마토케첩** 한 병을 **빨대로** 쪼옥 빨아 먹은 시간은? **17.53초!**

2017년 기록.

미국 위스콘신주에서 열리는 '소똥 던지기 대회'에 참가하면 말린 소똥을 마음껏 던질 수 있어. 휘익!

한 영국 남자가 1분 동안 살아 있는 바퀴벌레 36마리를 먹었대. 으악!

19세기에 살았던 제임스 루카스라는 영국 남자는 무려 25년 동안 목욕을 하지 않았대.

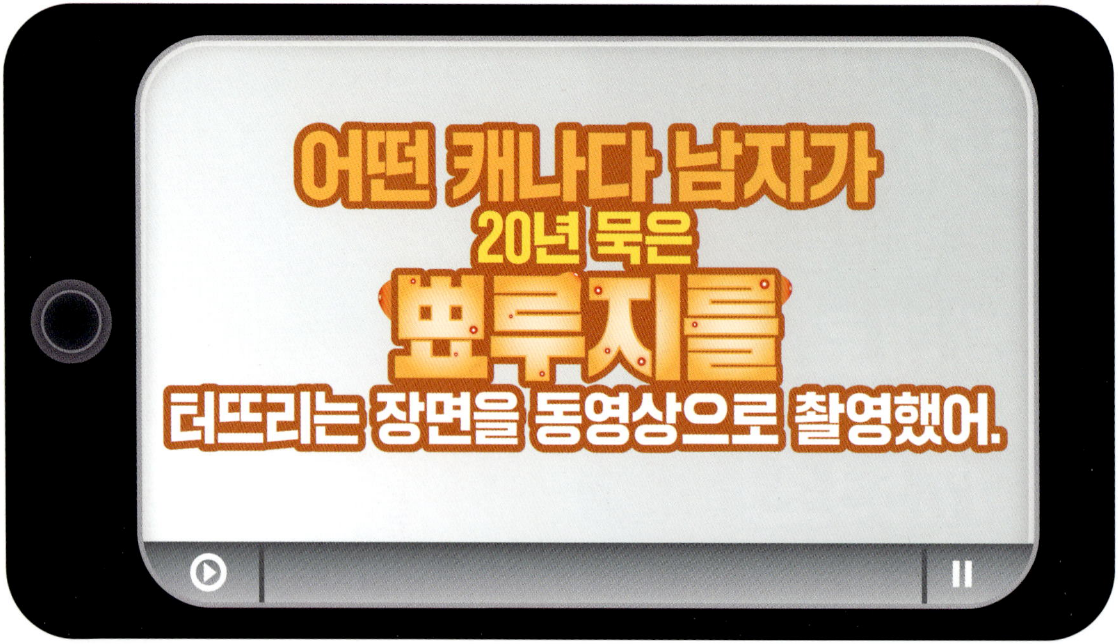

어떤 캐나다 남자가 20년 묵은 뾰루지를 터뜨리는 장면을 동영상으로 촬영했어.

프레첼: 매듭 모양을 한 독일 과자.

줄레를 프레첼 모양으로 꼬아서 구운 음식도 있어.

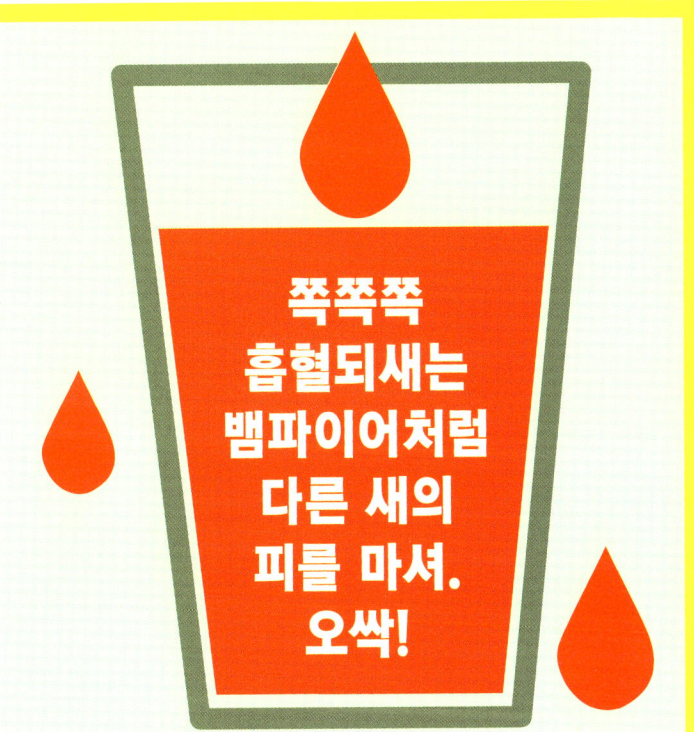

쪽쪽쪽
흡혈되새는
뱀파이어처럼
다른 새의
피를 마셔.
오싹!

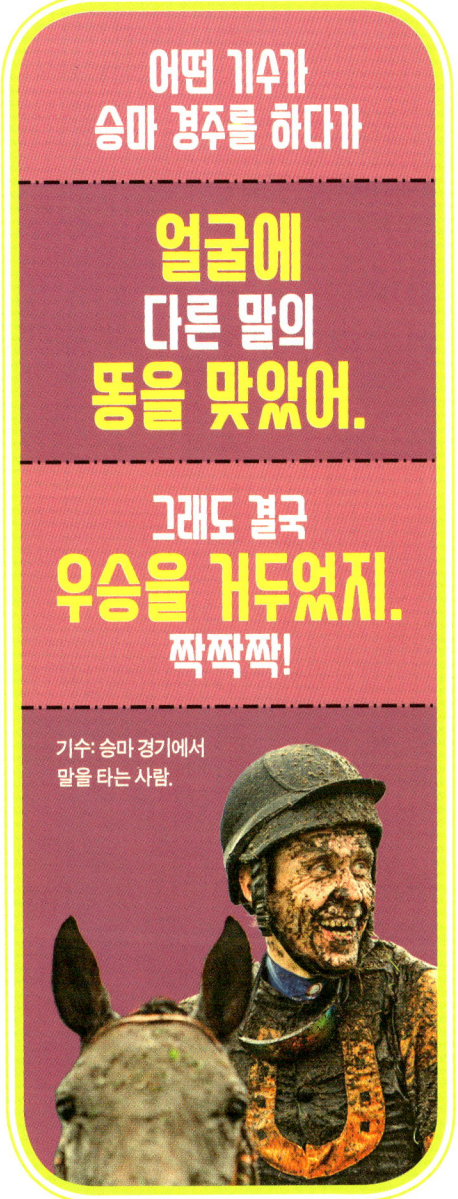

어떤 기수가
승마 경주를 하다가

얼굴에
다른 말의
똥을 맞았어.

그래도 결국
우승을 거두었지.
짝짝짝!

기수: 승마 경기에서
말을 타는 사람.

중국에서 어떤 남자가 **아래쪽 눈꺼풀**에 줄을 걸어서 **자동차를 끌어당겼어.**

미국 라스베이거스에 사는 어떤 여자는 손톱 길이가 웬만한 사람 팔보다 더 길어.

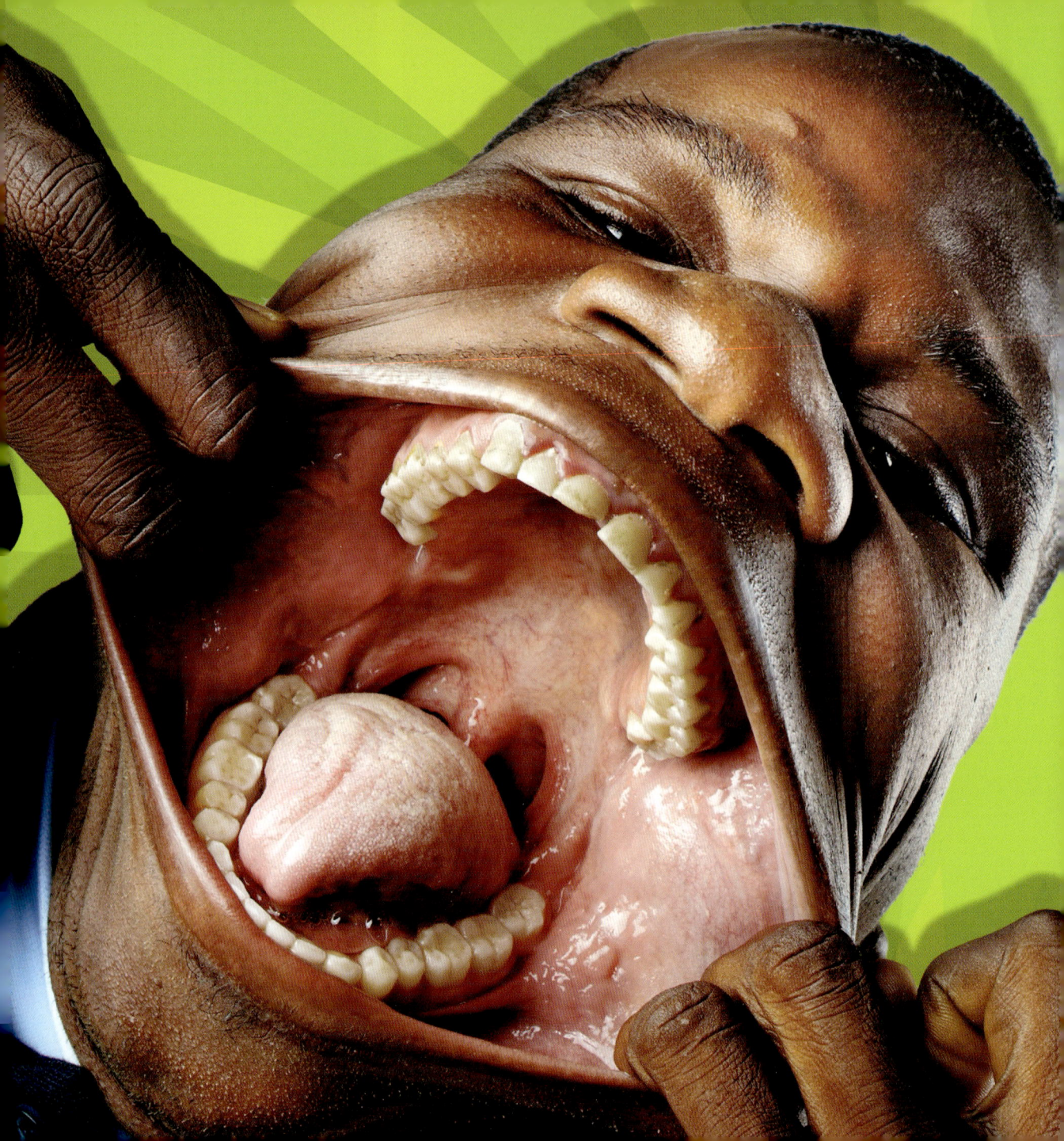

'앙골라의 놀라운 턱'이라는 별명을 가진 남자는 입을 벌리면 너비가 17센티미터나 돼. 음료수 캔을 가로로 뉘어서 집어넣는 것도 문제없지.

1500년대
영국 사람들은
옷감에
물을 들일 때
동물의 오줌에
푹 담갔어.
그러면 옷감의 색이
잘 살아났거든.

에스토니아의 전통 백파이프 주머니는 물개의 위장으로 만들었대.

백파이프: 주머니에 연결된 관에 연주자가 바람을 불어 넣어 소리를 내는 악기.

어른의 방광에는 오줌을 약 두 컵 정도 (473밀리리터) 담을 수 있어.

1700년대에 어떤 사람들은 죽은 사람의 손을 만지면 몸에 난 혹과 사마귀를 치료할 수 있다고 믿었어.

고대 로마 사람들은 **생쥐의 뇌를 가루 내어** 치약으로 사용했어.

여자들은 **염소의 비계와 나무를 태운 재로** 머리를 염색했지.

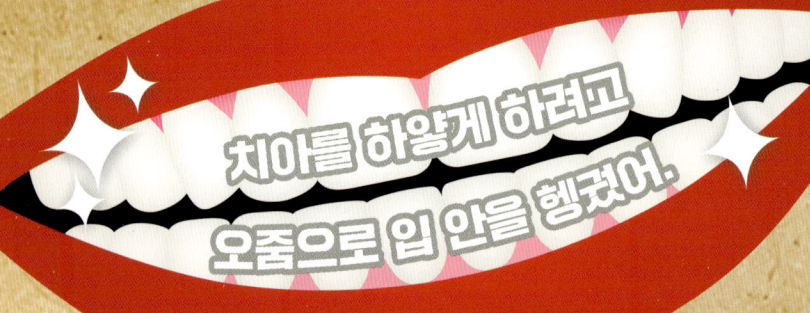

치아를 하얗게 하려고 오줌으로 입 안을 헹궜어.

또 사방이
뻥 뚫린
공중화장실에
모여서
어울리기도 했어.
80명이 한꺼번에
앉을 수 있는
초대형 화장실도
있었다니까!

볼일을 본 뒤에는
화장지 대신
막대기에
해면을 꽂아서
여럿이
돌려쓰기도
했대. 꺅!

해면: 바닷속에 사는 동물 중 하나. 이 중 목욕해면은 미세한 구멍이 많고 부드러워서 목욕용 수세미로 만들어 썼다. 영어권에서는 스펀지(sponge)라고 한다.

어떤 **중국 사람이 머리에 2188개의 침**을 꽂는 기록을 세웠어. 아프지도 않았나 봐.

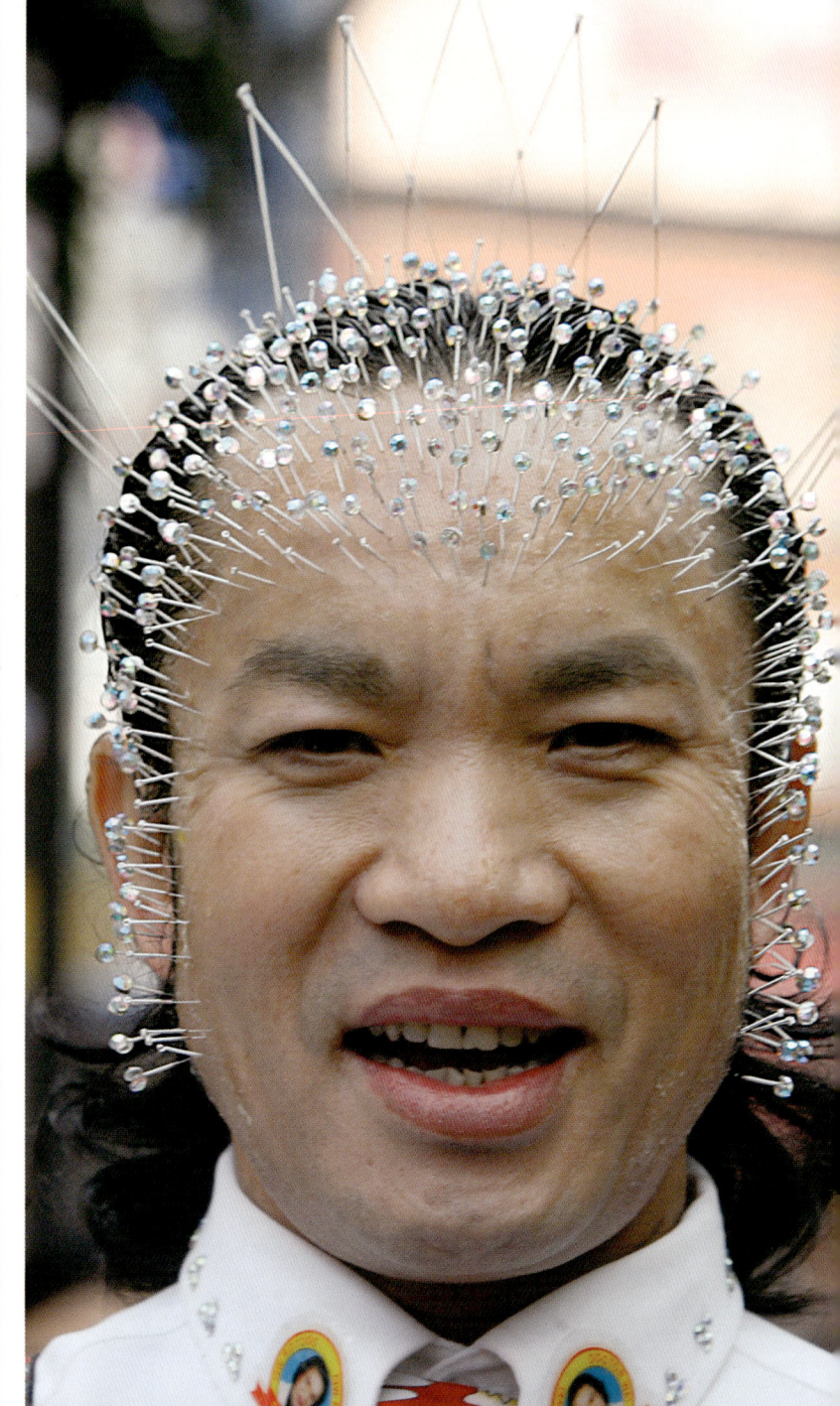

이게 말이 돼? 미국 시카고에 사는 어떤 여자는 **자기 눈구멍에서 눈알을 12밀리미터나 튀어나오게** 할 수 있대. 띠용!

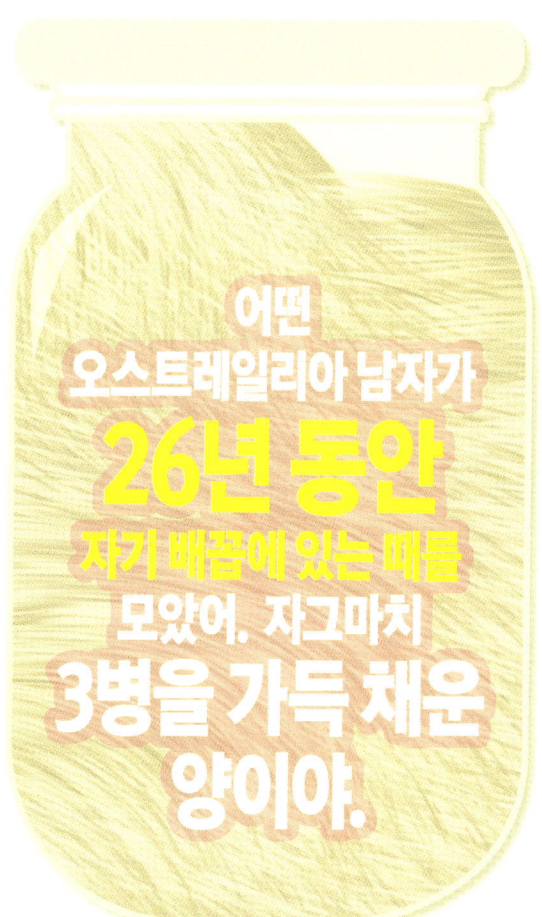

어떤 오스트레일리아 남자가 **26년 동안** 자기 배꼽에 있는 때를 모았어. 자그마치 **3병을 가득 채운** 양이야.

미국 오하이오주에는 **발 관리 제품을** 연구하려고 **5600명의 발 냄새를 맡은** 여자가 있어.

독수리는 더울 때 자기 몸의 체온을 낮추려고 발에다가 오줌을 누기도 해. 쉬이이!

칫솔에는 1200만 마리의 박테리아가 살고 있어.

1800년대에
몇몇 치과 의사들은
죽은 사람의
입에서 훔친 이로
틀니를 만들었어.
딸깍딸깍.

해기스

=

양의 간, 허파, 심장을
다진 뒤
양파, 향신료, 오트밀 등과
섞어서
양의 위를
채운 요리.

스코틀랜드의
전통 음식으로

우리나라 음식인
만두랑 비슷해.

낙타는 위협을 받으면 소화된 음식물이 섞인 '침'을 뱉어. 퉤!

생쥐는 보통 10원짜리 동전만 한 **구멍만** 있어도 쏙 빠져나올 수 있어.

중세 시대 런던의 길거리는 **똥, 죽은 동물, 썩어 가는 음식** 등이 곳곳에 널려 있었어.

영국 런던의 하수구에서 **점보제트기** 크기로 굵은 **식용유 덩어리**가 발견된 적이 있대.

점보제트기: 400명 넘는 승객이 탈 수 있는 초대형 비행기.

중세: 유럽에서 5~15세기 중반.

11세기 영국 왕 **윌리엄의 시체가** 관으로 들어가려는 순간 **펑! 하고 폭발했다는** 전설이 전해져. 믿거나 말거나!

갓 태어난 아기가 맨 처음 싼 똥은 마치 타르처럼 까맣고 끈적거려.

타르: 보통 석탄으로부터 만들어지는 끈적끈적한 검은 액체.

끈벌레는 대부분
몸 일부가 끊어지면
각각 새로운 벌레로 다시 자라.
15센티미터짜리 벌레 한 마리가
20만 마리 넘게 불어날 수 있어!

악어는 먹이를 먹을 때
가끔 눈 주위에 거품이 생겨.
보글보글.

브라질 열대 우림에 사는 **어떤 곰팡이균**은 개미의 뇌로 들어가서 개미를 자기 뜻대로 조종해.

좀비처럼!

좀비: 움직이는 시체를 이르는 말로, 옛날에는 주인에게 조종당하는 노예를 가리킬 때 쓰였다.

이집트 어부들은 나일강에 버려진 쓰레기를 낚아. 쓰레기를 환경 단체에 가져가면 돈으로 바꿔 주기 때문이지. 환경도 지키고, 돈도 벌고 이것이 일석이조!

일석이조: 동시에 두 가지 이득을 보는 일.

고대 이집트의 왕 투탕카멘의 무덤에는 속옷이 145벌이나 들어 있대. 와우!

고대 이집트 사람들은 대머리가 되지 않으려고 머리에 하마, 악어, 뱀, 수코양이, 아이벡스의 지방을 섞어서 발랐어.

아이벡스: 알프스산맥 또는 피레네산맥에 사는 소의 한 종류. 야생 염소와 비슷하다.

고대 이집트 사람들은 미라를 만들 때 맨 처음으로 콧구멍을 통해 죽은 사람의 뇌를 꺼냈어.

아프리카산 찌르레기는
코뿔소 등에 앉아서 파리, 구더기, 진드기 같은 것들을 잡아먹어.

찌르레기: 참새와 닮은 새. 소 피부에 있는 기생충을 먹는다.

우주에 있을 때는 상처가 나도
피가 흘러내리지 않아. 대신 상처 주위에
동그란 물방울처럼 피가 모여. 신기하지?

흡혈박쥐는 오로지 피만 먹고 살아.

어떤 기술자가 **똥**을 마실 수 있는 **깨끗한 물**로 바꾸는 기계를 발명했어.

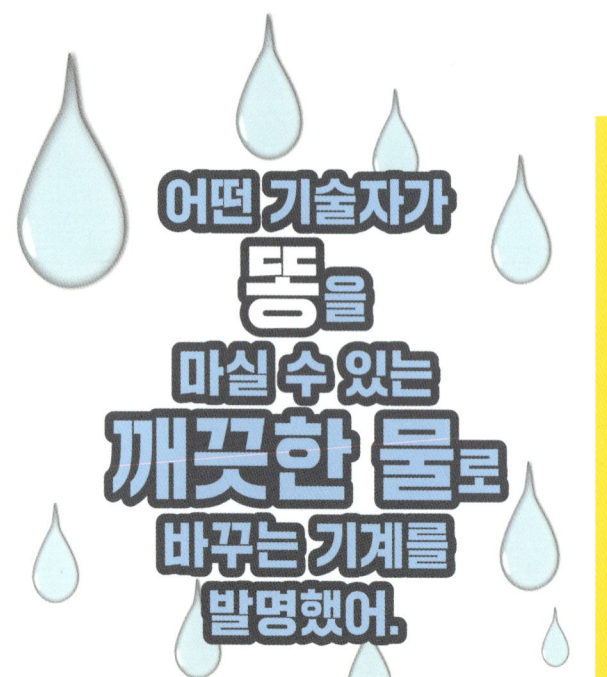

어떤 영국 남자의 **뇌 속에서** 기생충이 4년 동안 살고 있었대.

핫도그 빨리 먹기 대회 챔피언 매트 스토니는 **10분 안에 핫도그 62개를 먹을 수 있어!** 물론 빵까지 다!

도둑개미는 주방의 기름때나 죽은 쥐를 먹고 살아.

우적우적 냠냠!

우리나라 사람 **10명 중 4명이** 화장실에 스마트폰을 갖고 들어간대.

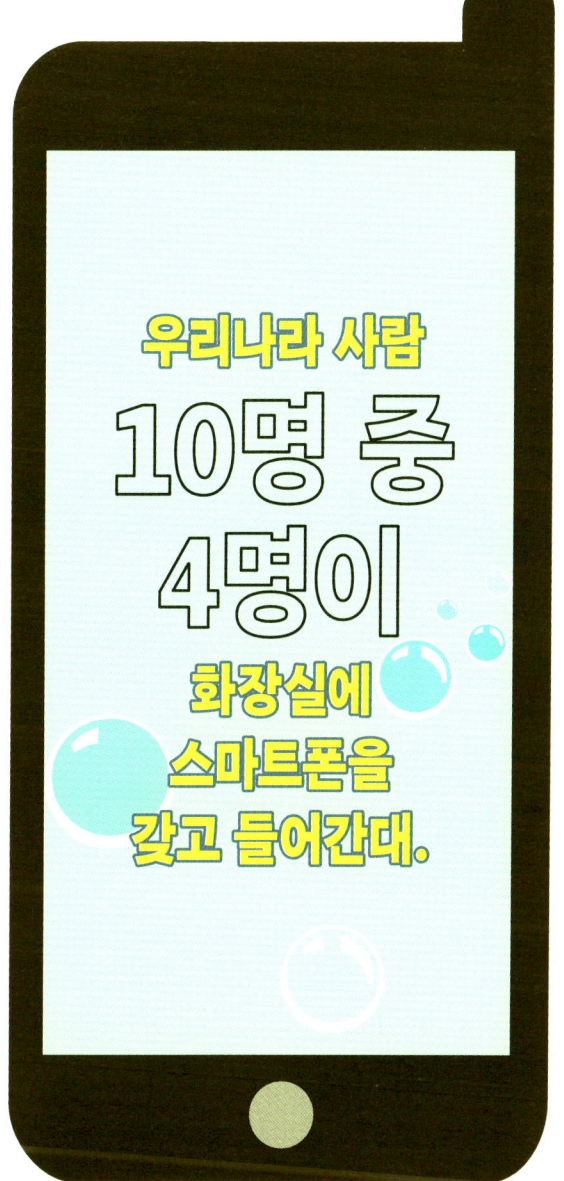

두리안은 동남아시아에서 나는 열대 과일이야. 먹으면 달콤한 맛이 나지만 **양파 썩은 냄새**가 나지.

미국 메릴랜드주에 사는 한 남자가 **변기에 모터를 달아** 눈을 치웠대.

모터: 전기를 이용하여 회전하거나 움직이는 장치. 전동기라고도 한다.

미국악어는 얼룩말 같은 큰 먹이를 잡으면 물속으로 끌고 들어와 죽인 다음에 먹어.

중세 시대 여자들은 **주근깨 자국**을 없애려고 얼굴에 **황소나 토끼의 피**를 바르기도 했어.

매년 4월 23일은 국제 코 후비기의 날이야.

영국과 아일랜드에서 아침 식사로 많이 먹는 **블랙푸딩**은 양파, **돼지 피**와 비계로 만든 **소시지야**. 순대랑 비슷해.

변기 뚜껑을 열고 물을 내리면 변기 속 박테리아가 물과 함께 변기 주변으로 퍼져 나가. 꺅!

미국 뉴욕에는 길바닥에 들러붙은 **껌을 떼 내는 일을 하는** 회사가 있어.

어떤 불상을 시티(CT) 촬영했더니 그 안에 **1000년 된 스님의 미라**가 있었대.

시티 촬영: 컴퓨터 단층 촬영. 여러 종류의 빛을 쏴서 사물의 안을 촬영하는 방법.

상어는 피부로 오줌을 눠.

우주 비행사는 이를 닦을 때 침을 뱉을 곳이 없어서 치약을 삼키거나 수건에다 뱉어 내.

또 우주 비행사는 **오르락내리락하는 비행기**에서 훈련을 받아. 이때 멀미가 어찌나 심한지 훈련용 비행기에 **'구토 혜성'**이라는 별명이 붙었대.

예전에는 눈동자가 클수록 미인이라고 했다. 그래서 중세 이탈리아의 여자들은 독성이 있는 벨라돈나를 즙 내서 안약처럼 눈에 떨어뜨렸죠.

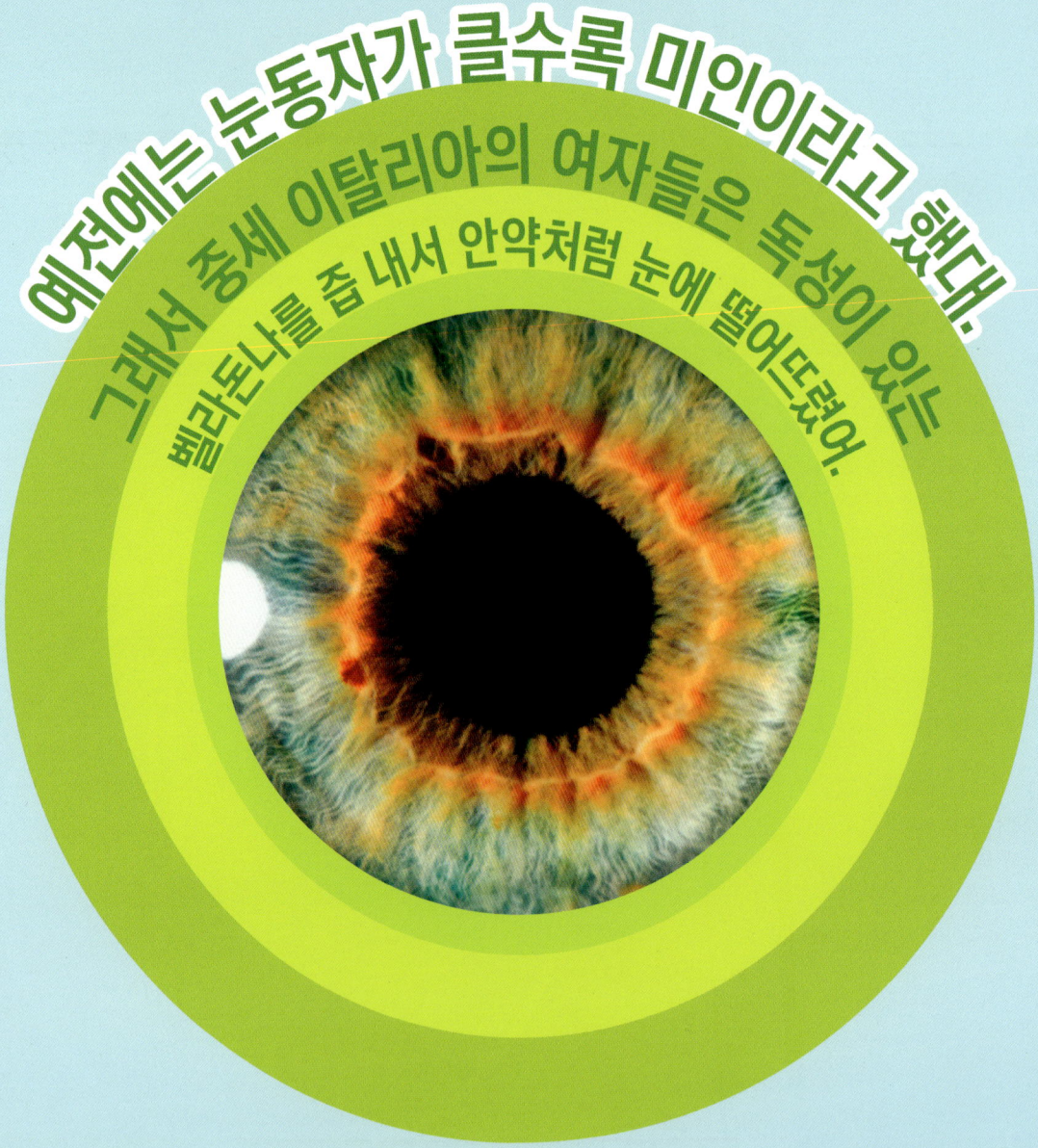

106 벨라돈나: 벨라돈나 풀에서 나는 체리 크기의 검은색 열매.

프랑스 파리에는 실제 **하수구** 안에 **하수구 박물관**이 있어. **하수 처리 시설과 그 역사**를 볼 수 있지.

영국 런던의 한 카페에서는 남자 소변기 앞에서 커피를 마셔. 홀짝!

중세 영국 어린이들은 **겨울에 몸을 따뜻하게 하려고 목부터 발까지 통으로 꿰맨 옷**을 입었어. 한번 입으면 몇 달 동안 갈아입지 않았대.

고대에는 병사들이 전쟁터에 나가 첫 번째로 물리친 적군의 **피를 마셨어.**

올빼미가 토한 **펠릿을 모아서** 동물 해부 실습을 하는 학생들에게 파는 **토사물 수집가도 있어.**

펠릿: 올빼미, 매 같은 새가 먹은 것 중 소화하지 못한 뼈, 이빨 등을 토해 낸 덩어리.

오스트리아의 어떤 여자가 단백질이 풍부한 식사를 하려고 **집에서 구더기 키우는 기계**를 발명했어. 구더기에는 **단백질이 많거든!**

과학자들은 바다 오염을 조사하려고 **대왕고래**의 **귀지**를 연구해.

보통 집에서는 매년 **18킬로그램**의 먼지가 생겨.

집먼지 진드기는 집에 사는

먼지 1그램에는 최대 **2만 마리의** 집먼지 진드기가 들어 있지.

반려동물과 집주인의 각질을 먹어.

원숭이들은 서로 **다른 원숭이들 몸**에 붙은 **각질, 먼지, 벌레들**을 떼어 내 줘.

응. 바로 거기.

보아과 뱀 중 하나인 드워프보아는 위협을 느끼면 눈에 피가 고여.

현대식 화장실이 생기기 전에 사람들은 오줌이 가득 찬 요강을 창문 밖으로 내밀어서 길거리에 쏟아 버렸어.

몸길이가 38센티미터나 되는 거대한 달팽이가 미국 마이애미의 건물 벽을 갉아 먹었대. 서걱서걱.

독일의 한 축사는 젖소 90마리가 뿜어내는 **트림과 방귀** 때문에 폭발하고 말았어. 펑!

축사: 가축을 기르는 건물.

해삼은 공격을 받으면 항문으로 내장을 실처럼 쏟아 내. 이거 봐라!

어른 한 명이 매년 누는 오줌으로 568리터짜리 대형 어항을 채울 수 있어.

도롱뇽의 한 종인 **이베리아영원**은 끝이 뾰족한 **갈비뼈를** 피부 밖으로 내밀어서 **무기로 사용해.**

기린은 기다란 혀를 내밀어서
귀도 닦고 코도 닦아.

민달팽이는 몸 앞쪽에 난 숨구멍을 열고 닫으면서 숨을 쉬어. 후읍후읍.

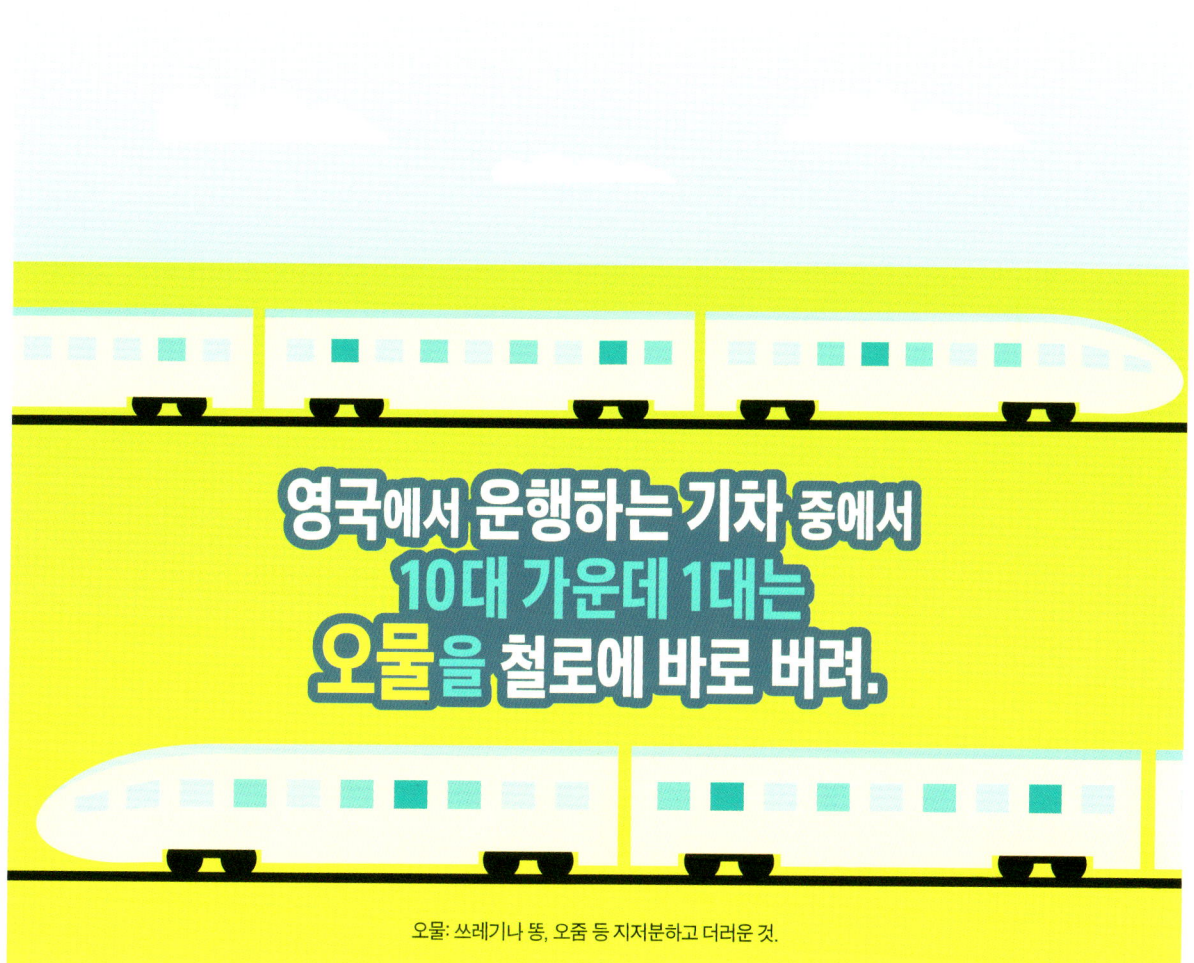

영국에서 운행하는 기차 중에서 10대 가운데 1대는 오물을 철로에 바로 버려.

오물: 쓰레기나 똥, 오줌 등 지저분하고 더러운 것.

터키의 한 박물관은 여성 관람객들이 기증한 약 16,000개의 머리카락 뭉치를 전시하고 있어.

재채기를 할 때 나오는 침과 콧물은 최대 14분 동안 공기 중에 머물 수 있어.

오스트레일리아에 사는 웜뱃은 각설탕 모양의 똥을 눠. 끙!

웜뱃: 작은 곰같이 생긴 오스트레일리아 동물.

청소년들은 하루에 보통 **네 번** 정도 코를 후빈대. 후비적후비적.

히히, 시원해라!

어린이 10명 중 4명은 상처에 생긴 딱지를 긁어. 박박.

어린이 10명 가운데 1명은 발톱을 **잘근잘근 씹어 본 적** 있다고 말했어!

와우, 영양가 듬뿍.

새끼 코알라는 어미의 똥을 먹으면서 쑥쑥 자라. 똥에 나뭇잎을 소화시키는 미생물이 가득 들어 있거든.

미생물: 세균같이 아주 작아서 눈에 보이지 않는 생물.

어떤 벌레는 물고기의 입 안에서
혀의 피를 빨아 먹고 살아.
피가 다 빠져나가 물고기 혀가 잘리면
자기 몸을 혀 자리에 붙여서 **혀 노릇**을 한대.

어떤 개구리는 먹이를 잘 삼키려고
눈을 감고 눈알을 끌어당겨.
그러면 입천장이 눌리면서 먹이가
밀려 들어가 잘 넘어간대.

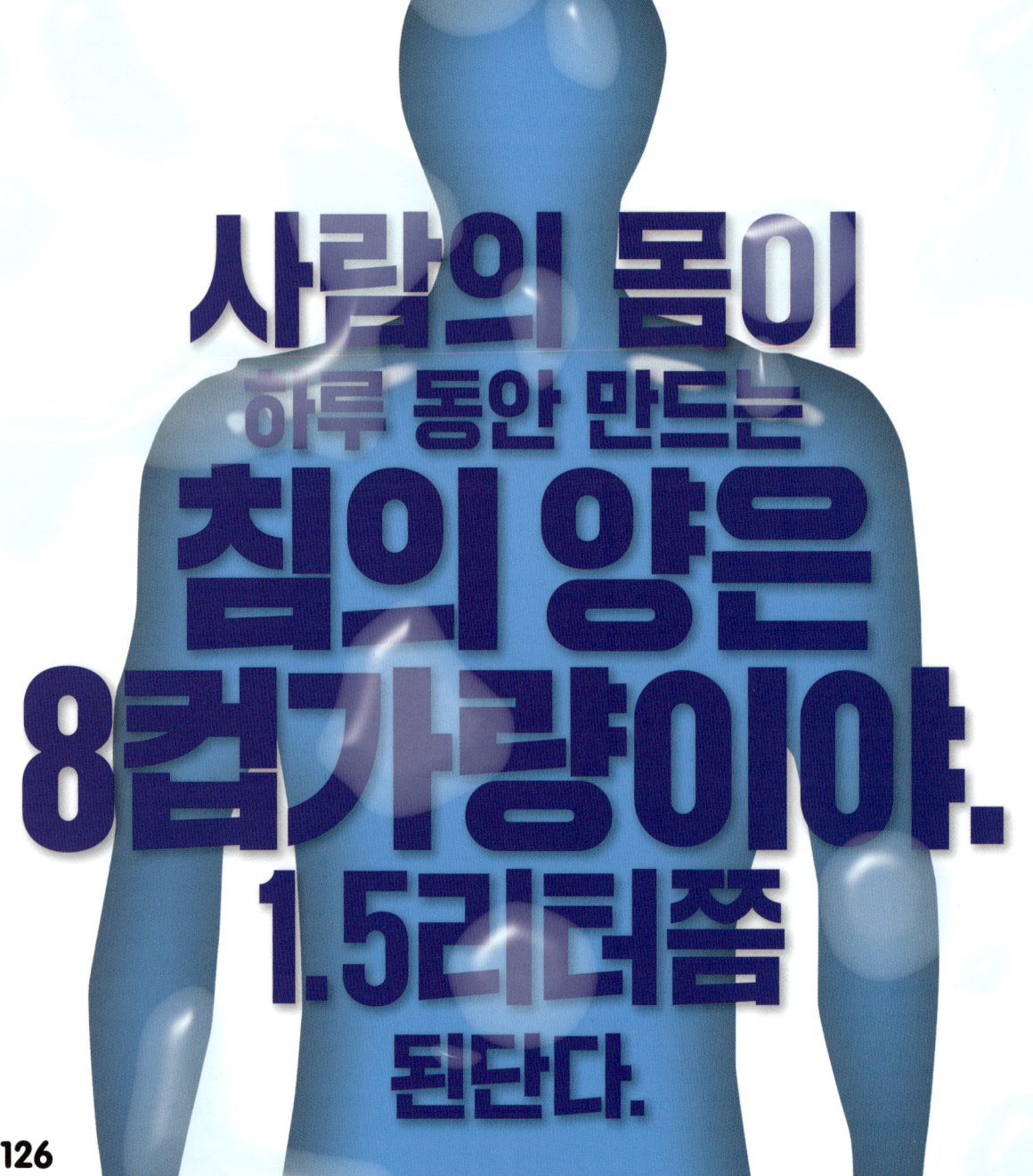

수컷 펭귄은 자기 위에서 소화된 먹이를 다시 토해

새끼 펭귄에게 먹여 줘. 쿠억!

나무늘보는
일주일에 한 번
똥을 눠.

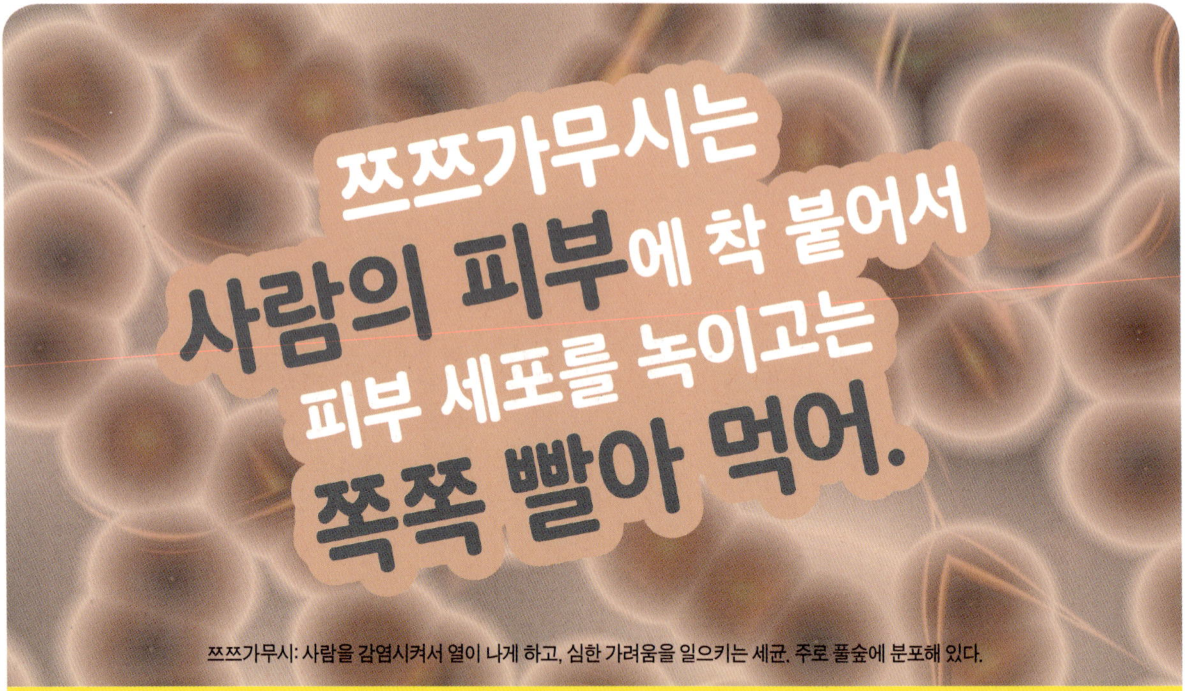
쯔쯔가무시는
사람의 피부에 착 붙어서
피부 세포를 녹이고는
쪽쪽 빨아 먹어.

쯔쯔가무시: 사람을 감염시켜서 열이 나게 하고, 심한 가려움을 일으키는 세균. 주로 풀숲에 분포해 있다.

우리가 재채기를 할 때

뱉어 내는 공기는

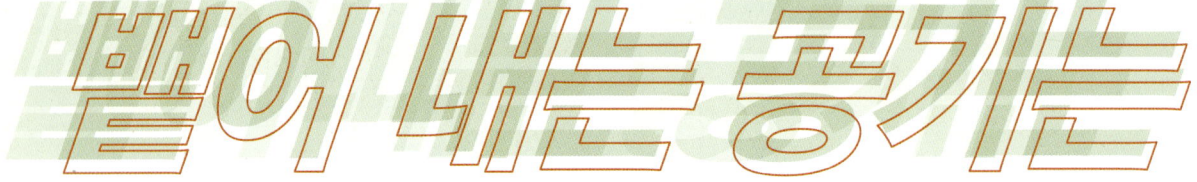

카 레이스를 하는 자동차만큼
빠른 속도로 퍼져. 에취!

깡충거미는 피가 꽉 차서 배가 통통해진 모기를 먹어.

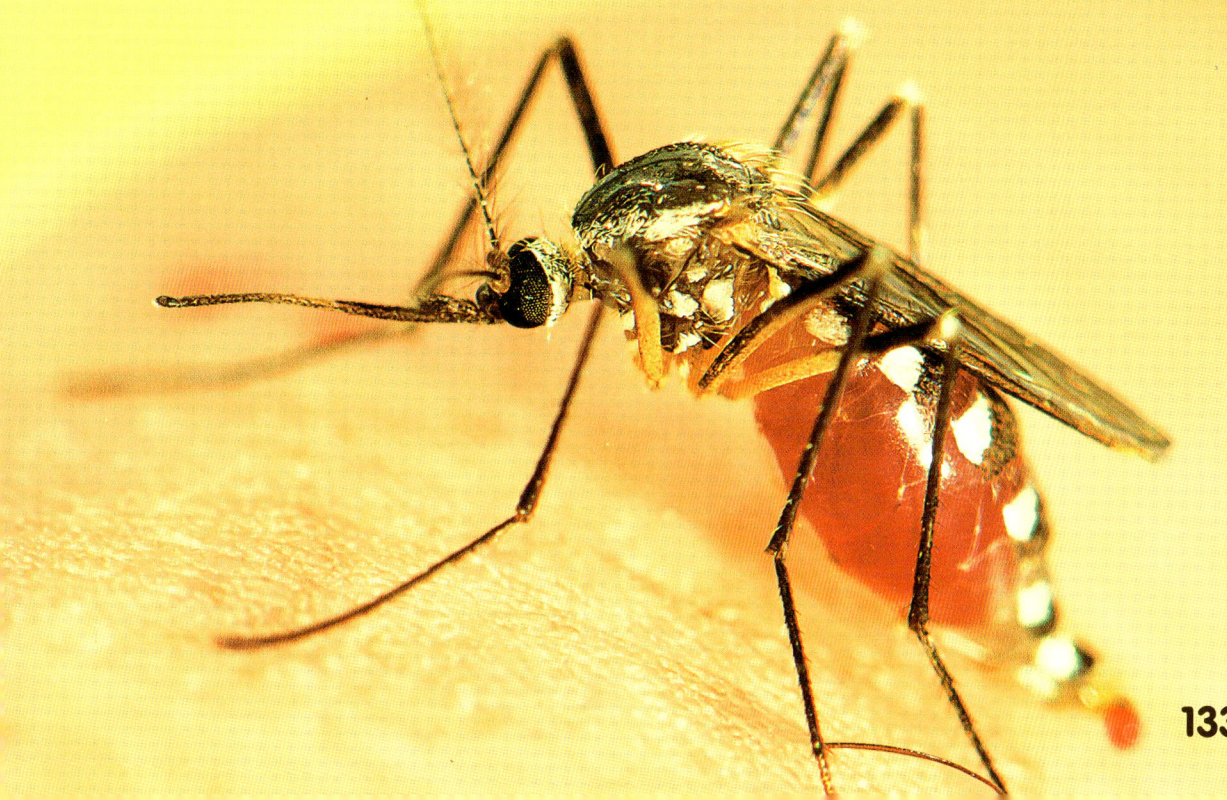

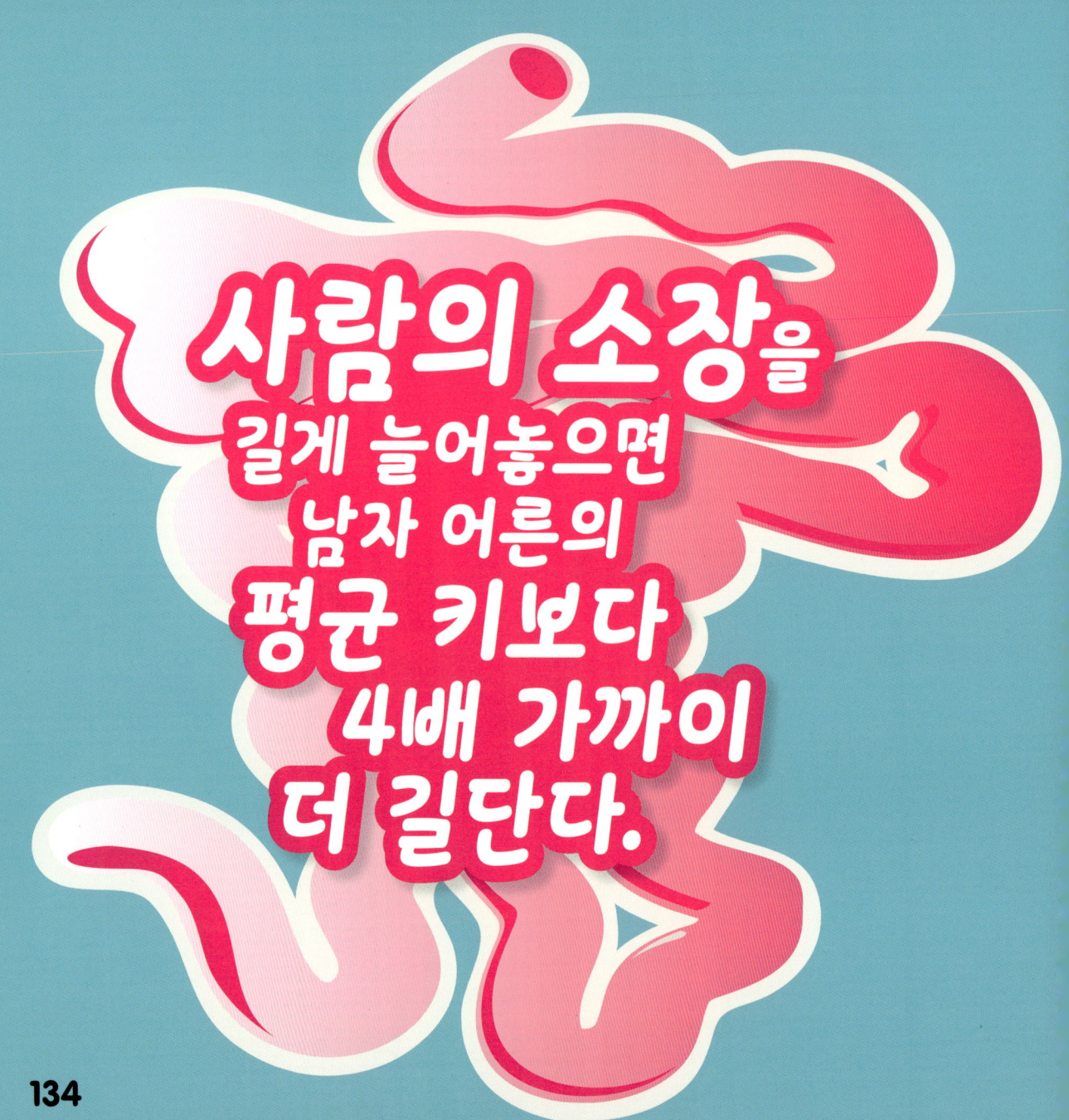

백설탕 중 몇몇은 **동물의 뼈를 태운 숯으로** 설탕의 원료를 걸러 **하얗게 만든 거야.**

원료: 어떤 물건을 만들 때 쓰는 재료. 설탕의 원료는 사탕수수이다.

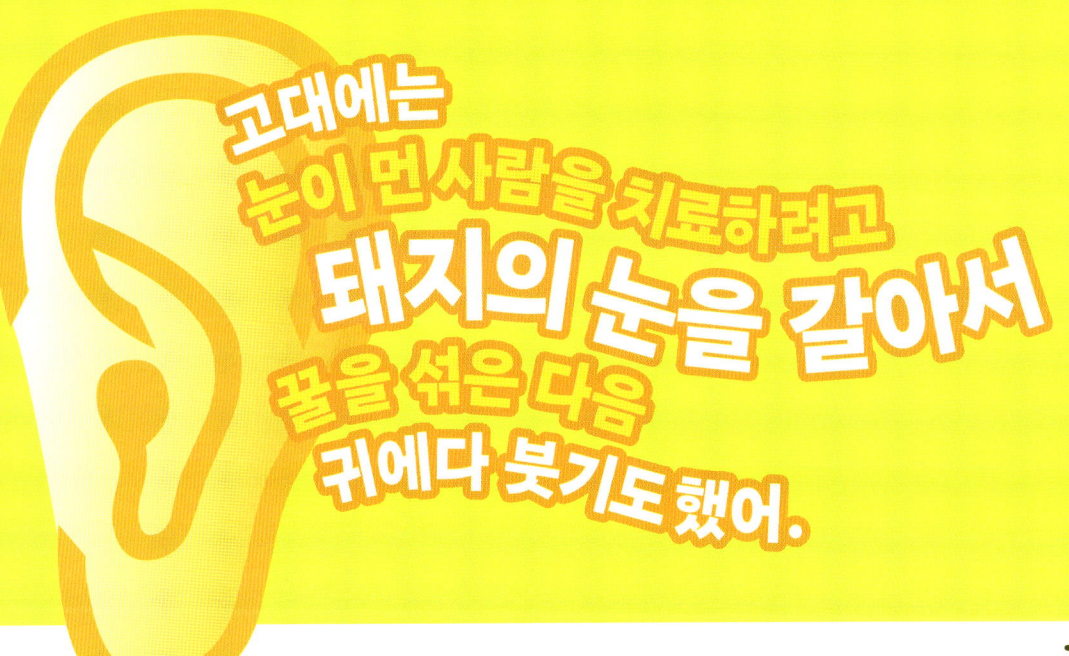

고대에는 눈이 먼 사람을 치료하려고 **돼지의 눈을 갈아서** 꿀을 섞은 다음 귀에다 붓기도 했어.

영국에서는 윈스턴 처칠의 피 한 병을 경매에 내놓은 적이 있대.

윈스턴 처칠: 제2차 세계 대전을 승리로 이끈 영국의 정치인.

기니벌레는 사람 몸에서 **약 1미터**까지 자라는 가늘고 긴 **기생충**이야. 치료 약이 없어서 **피부를 뚫고 기어 나올 때까지** 기다리는 수밖에 없어.

팔랑나비 애벌레는 자기 몸길이의 **40배**나 멀리 똥을 발사해! 피융!

발가락 때 =

발가락 사이사이에 양말 보풀, 먼지, 박테리아, 각질, 곰팡이 등이 뭉쳐 있는 것.

외국에서는 '발가락 잼'이라고 불러.

일본에는 달팽이가 얼굴을 기어 다니면서 피부 관리를 해 주는 곳이 있어. 달팽이 몸에서 나오는 끈끈한 점액이 피부에 좋다고 해.

스르륵스르륵.

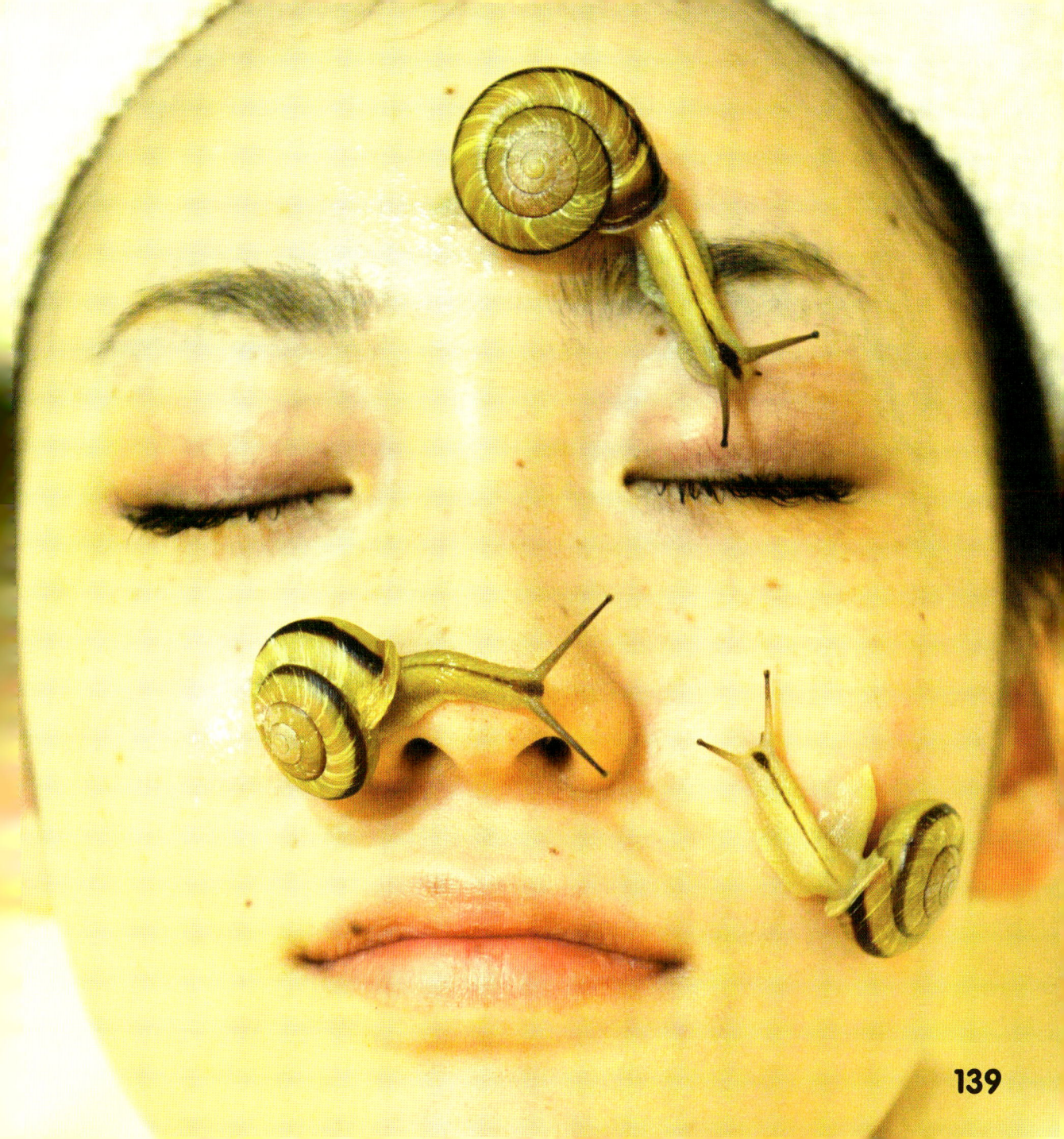

개구리는 탈피를 한 뒤에 자기가 벗은 껍질을 먹어! 무슨 맛일까?

탈피: 몸집이 커져 껍질이나 가죽을 벗는 일.

1800년대에는 사람의 귀지를 입술에 발라 입술이 마르지 않게 했대.

중국자라는 입으로 오줌을 눠.

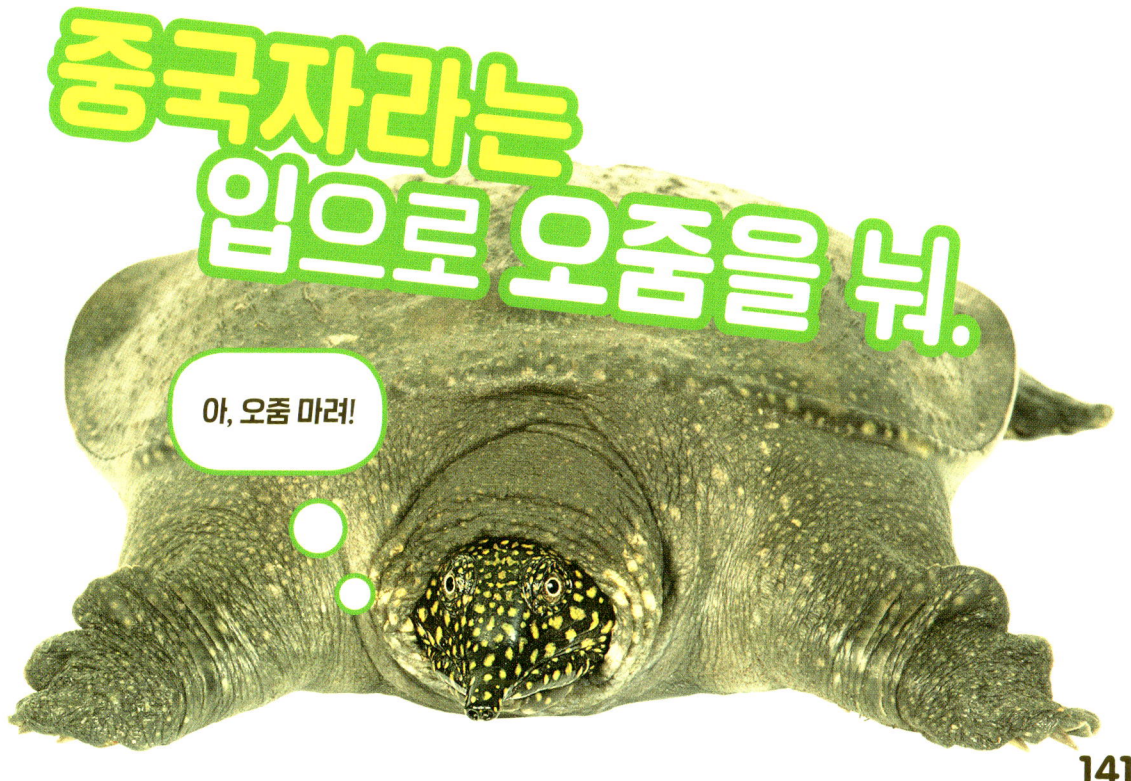

아, 오줌 마려!

사람의 위산은
엄청 강력해서
단단한 쇠도
녹일 수 있어.
부글부글.

위산: 위에서 음식물의 소화를 돕는 위액 속에 들어 있는 물질.

십이지장충은 알을 낳고 몸속에 들어갈 수 있어.

그리고 소장에 붙어서 무럭무럭 자라지.

터키콘도르는 1.6킬로미터 이상 떨어진 곳에서 풍기는 썩은 고기의 냄새를 맡을 수 있어. 대단해!

바퀴벌레는 머리 없이 일주일이나 살 수 있어.

십이지장충: 사람의 몸에 사는 기생충. 처음에 십이지장에서 발견되어 이 이름이 붙었다.

털은 온몸에서 자라나.
단, 손바닥, 입술, 눈꺼풀, 발바닥만 빼고!

사람들은 대부분
볼일을 본 뒤에
세균을 다 없앨 만큼
충분히 손을 씻지 않아.
게다가 열 명 중 한 명은
손을 전혀 씻지 않는대!

바닥에 떨어진 음식을
재빨리 주워 먹으면 괜찮다고?
한 연구에 따르면,
박테리아의 99퍼센트가
음식이 바닥에 떨어지자마자
달라붙는다고 해.

불개미가 물면
고름이 든 물집이 생겨.
다 나으려면
일주일이나 걸리지.

영국 과학자들이 **1억 6천만 년** 된 파충류의 토사물 화석을 발견했어.

토사물: 토할 때 나온 물질.

림버거 치즈: 냄새가 고약하기로 유명한 벨기에산 치즈.

운동화 속 땀에 있는 박테리아와 림버거 치즈를 발효시키는 박테리아는 똑같아. 진짜?

프랑스 왕 루이 14세의 변기는 **나무 왕좌**처럼 생겼어.

이가 다 빠졌는데도 먹는 걸 좋아해서 하루에 설사를 18번이나 했다고 해. 그래서 아예 변기에 쭉 앉아 있을 수 있도록 만든 거야.

왕좌: 왕이 앉는 자리.

바다 돼지 =

바다 밑에 가라앉은 죽은 고래나 진흙 속 미생물을 먹어 바닷물을 깨끗하게 해 주는 해삼의 한 종류. 정식 명칭은 스코토플레인!

냠냠.

고대 이집트 여자들은 개미 알을 으깨서 만든 화장품으로 화장을 했어.

1800년대 초 한 프랑스 여자의 이마에 25센티미터나 되는 커다란 뿔이 났대. 다행히 의사가 제거해 줬다지.

한때는 목욕을 하는 게 건강에 나쁘다고 생각하기도 했어.

코딱지는 먼지, 꽃가루, 모래 가루, 때 같은 것들이 콧물과 섞여서 말라붙은 거야.

중세의 기사들은
전투를 하는 중에
오줌이나 똥이 마려우면
갑옷 안에다가 그냥 눴대.
싸우느라 너무 바빴거든.

기사: 중세 시대 유럽에서 말을 타고 싸우는 전사.

영국 웨일즈의 한 회사는 **양의 똥으로** 종이를 만들어. **음메에에.**

다섯 명 가운데 한 명은 **화장실 변기에 휴대 전화를** 떨어뜨린 적이 있대. 풍덩!

그게 바로 나야!

부동액에 들어 있는 화학 물질은 **샐러드 소스를** 걸쭉하게 하는 데도 쓰여.

부동액: 자동차 엔진이 지나치게 뜨거워지는 걸 막아 주는 액체.

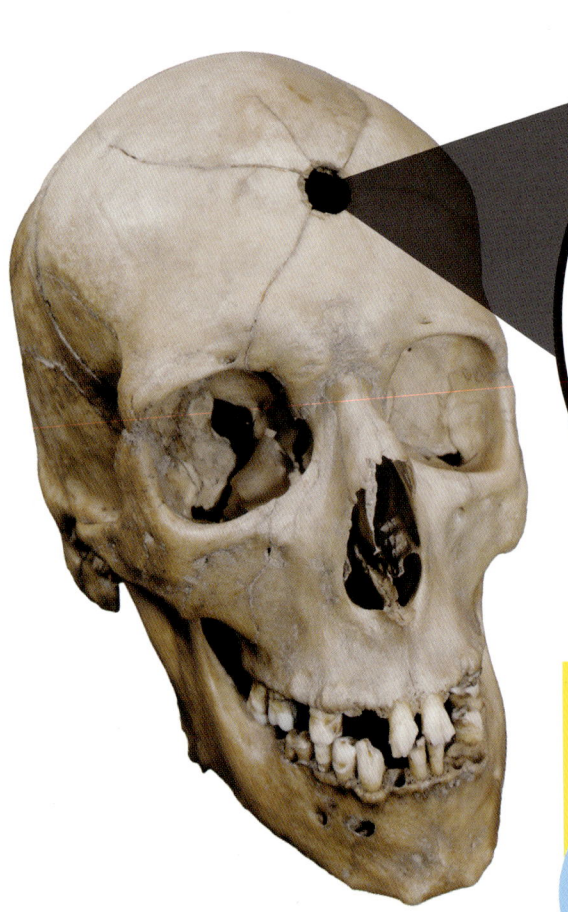

고대 페루의 몇몇 의사들은 **두통이 심한** 환자의 머리뼈에 **구멍을 뚫어서** 치료했어.

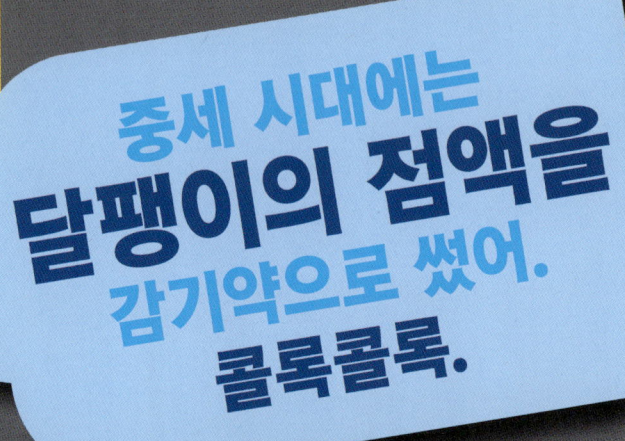

중세 시대에는 **달팽이의 점액을** 감기약으로 썼어. 콜록콜록.

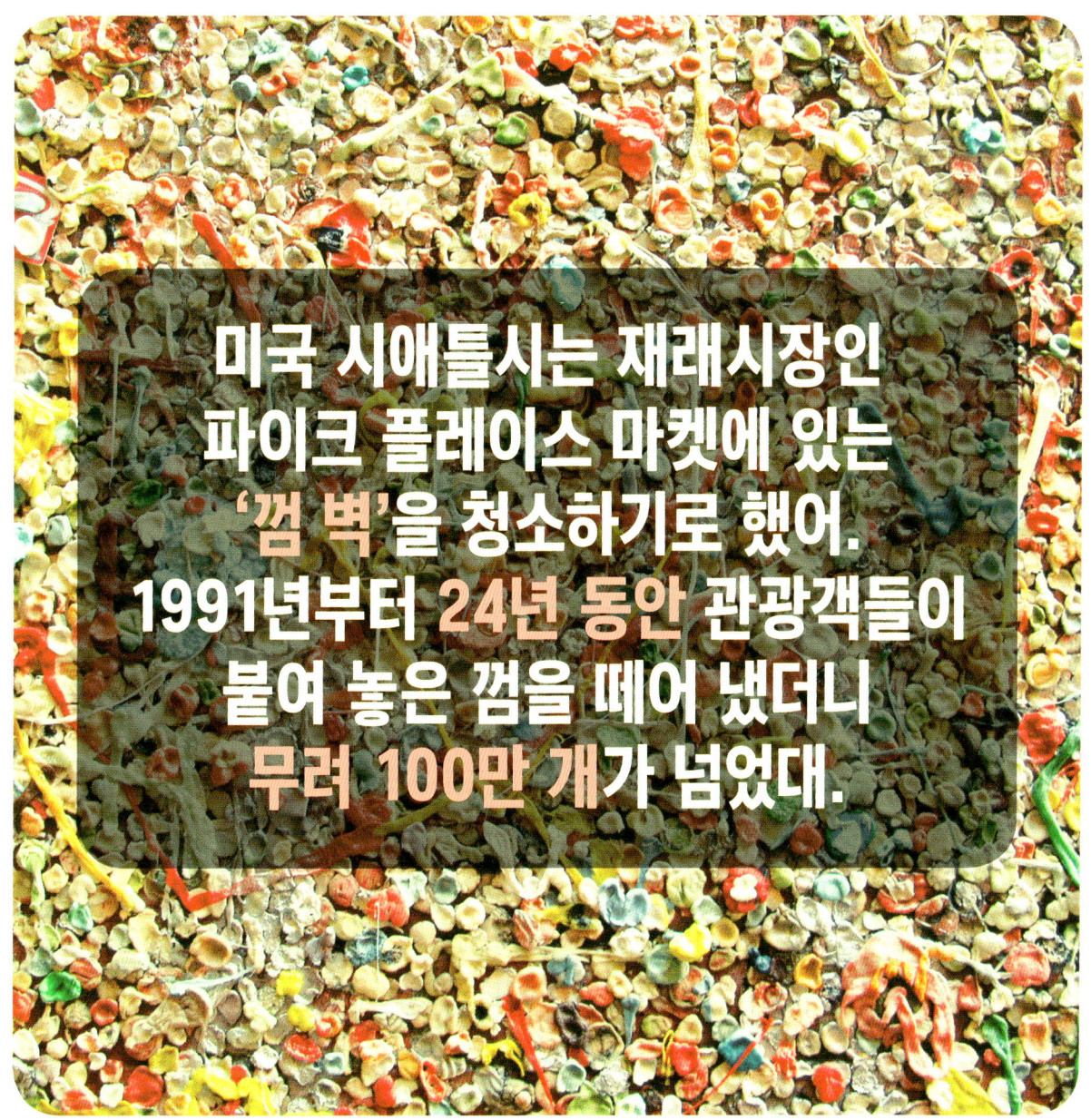

미국 시애틀시는 재래시장인
파이크 플레이스 마켓에 있는
'껌 벽'을 청소하기로 했어.
1991년부터 24년 동안 관광객들이
붙여 놓은 껌을 떼어 냈더니
무려 100만 개가 넘었대.

한 영국 남자가 샌드위치를 만들다가 빵에서 죽은 생쥐를 발견했대. 끼아악!

무슨 짓이람!

한때 사람들은 **병을 옮기는 벼룩**을 없애려고 **바닥에 소똥을 바르기도** 했어.

전혀 소용없었지만.

중세 시대에는

사람들 앞에서 코를 후벼도

예의 없다고 여기지 않았어.

메뚜기 튀김은 **매운맛 팝콘이랑** 비슷한 맛이 난다고 해. 그럼 나도 먹어 볼까?

고대 그리스의 의사 **히포크라테스는** 환자들의 **귀지를 맛보거나 똥 냄새를 맡아서** 무슨 병에 걸렸는지 알아냈어.

전문가들이 말하길 **물장군은** 과일 맛 사탕이랑 맛이 비슷하대.

물장군: 작은 물고기나 올챙이 등을 잡아먹는 곤충.

미국 플로리다주의 바닷가에 소프트볼 공만 한 크기의 눈알이 파도에 휩쓸려 온 적 있어. 촤아악, 데굴데굴.

눈알이 어떤 생물의 것인지는 아직 밝혀지지 않았다.

소프트볼: 야구와 비슷한 운동. 야구공보다 좀 더 크고 덜 단단한 공을 쓴다.

영국 웨일스에서는 매년 8월에 **늪지 스노클링 수영 대회**가 열려. 차갑고, 탁하고, 고약한 냄새가 나는 흙탕물 속에서 누가 가장 빨리 헤엄치는지 겨루지.

미국 정부의 규정에 따르면 땅콩버터 100그램당 **쥐털 한 가닥** 정도는 들어 있어도 팔 수 있어.

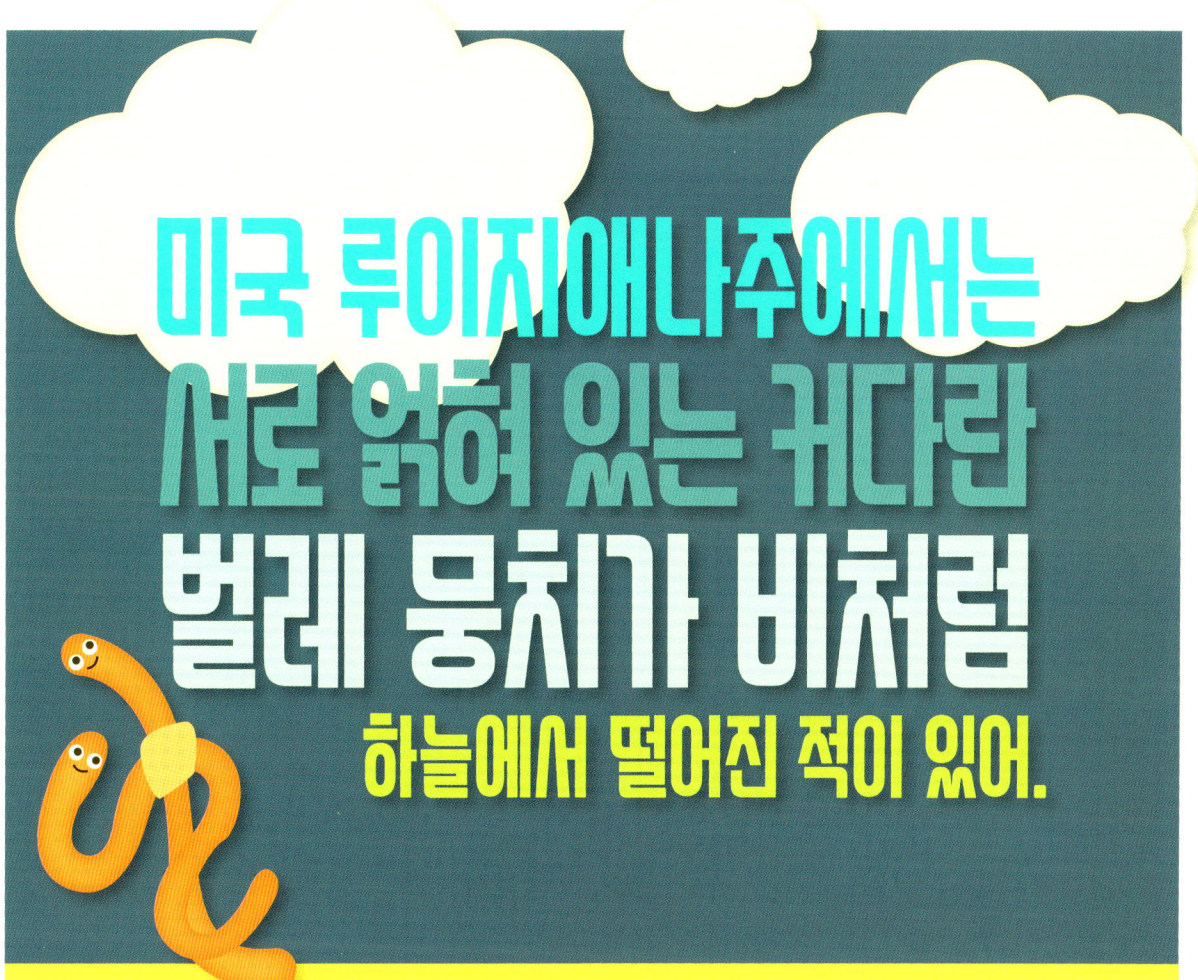

미국 루이지애나주에서는 서로 얽혀 있는 커다란 벌레 뭉치가 비처럼 하늘에서 떨어진 적이 있어.

물고기 비늘에서 얻은 성분으로
반짝이는 립스틱과 매니큐어를 만들기도 해.

영국의 한 음식점에서 열린
코딱지 던지기 대회의
우승자는
코딱지를 무려 6미터나
부우웅 날려 보냈대.

어떤 의사는
10대 여자아이의 위에서
4킬로그램이 넘는
털 뭉치를 꺼내는
수술을 했어. 그게 다
위에 들어 있었다니!

한 남자가 잠든 사이
집파리가 귀에 알을 낳아서
귓속에
**구더기
수백 마리**가
우글거렸대.

스위트브레드 =
송아지, 돼지,
새끼 양 등의
가슴샘 혹은 췌장을 구운 음식.
터키와 아르헨티나에서 주로 먹어.

가슴샘: 가슴 앞쪽에 세로로 길쭉하게 난 뼈 뒤에 있는 몸속 기관.
췌장: 사람이나 동물 배 속에 있는 소화 기관 중 하나.

코끼리의 콧박지는 물이야.
여긴이 추택만 할 수 있어.
엄청 답답하겠다!

어떤 영국 남자는 **30년 넘도록** 차에 치여 죽은 동물을 집으로 끌고 와서 여우 고기 파스타, 개구리 다리 볶음 같은 요리를 만들어 먹었어.

파스타: 이탈리아식 국수 요리. 면의 모양이 매우 다양하다.

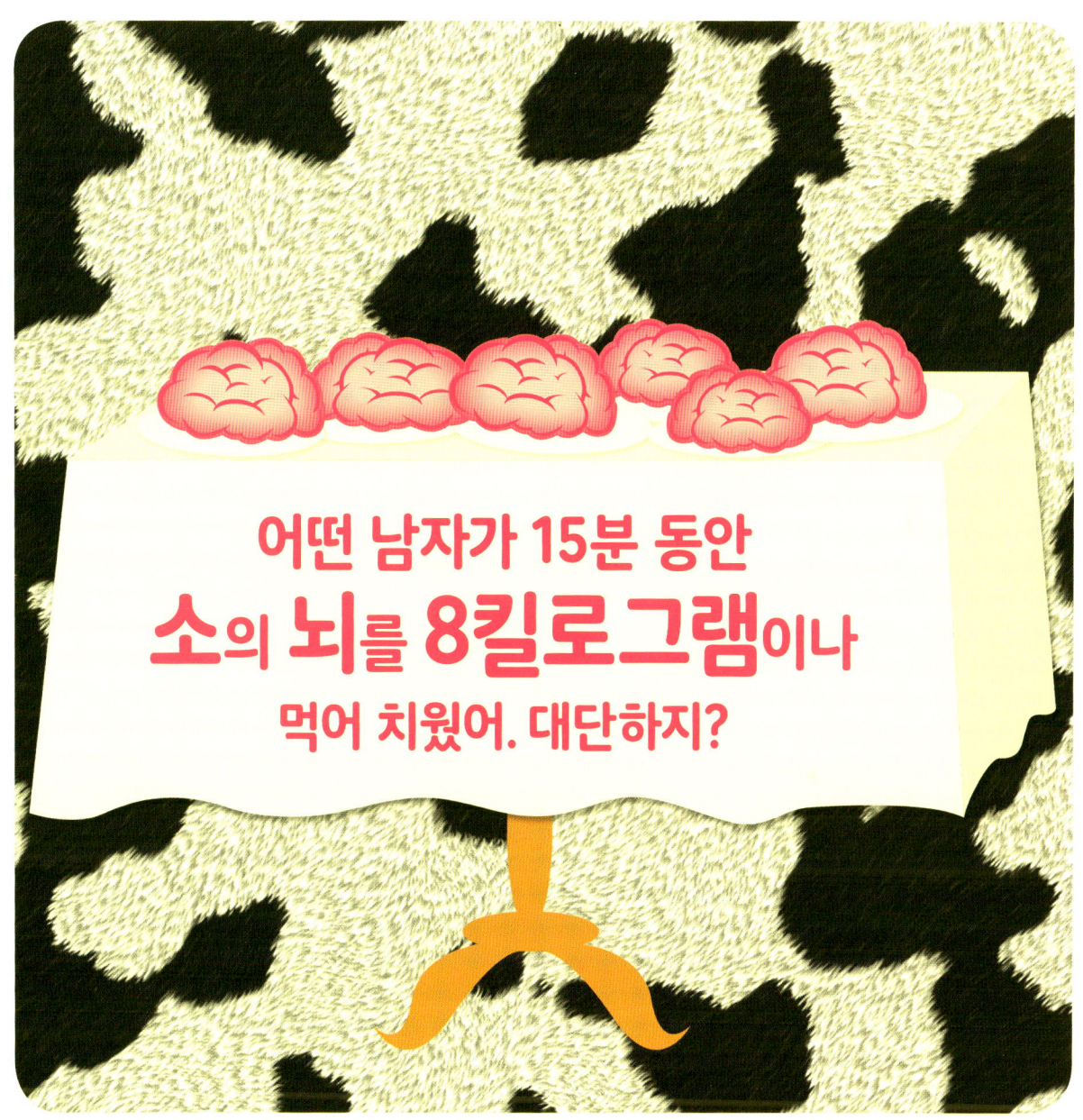

거머리는 30분 만에 제 몸무게의 **10배**나 되는 양의 **피**를 빨아 먹을 수 있어.

영국 스코틀랜드의 어떤 여자는 **코에서 약 7.6센티미터** 길이의 **거머리**를 꺼냈어.

몇몇 **의사들은** 거머리로 환자의 몸에서 **피를 뽑아내어 열**을 내리게 했어.

19세기 유럽에는 **거머리 수집가**가 있었어. 호수에 **자기 맨다리**를 내놓고 **거머리들을 꾀었지.** 잡은 거머리는 **치료용**으로 팔았대.

세계에서 가장 큰 거머리인 **자이언트레드 거머리**는 왕지렁이를 **통째로** 삼킬 수 있대.

고대 중국에서는 열이 나면 따끈한 지렁이탕을 끓여 먹었어. 우리나라에서도 지렁이를 약재로 썼단다.

약재: 약을 짓는 데 쓰는 재료.

어떤 병원에서는 염증이 난 **상처에 구더기**를 올려놓고 **살을 파먹게 해.**

염증: 피부가 자극을 받아 손상되었을 때 생기는 것.

독일의 어느 해부 박물관에는 죽은 사람과 동물의 몸이 투명한 **플라스틱** 통 안에 담겨서 보존되어 있어.

위벽 전체를 덮고 있는 **끈적끈적한 점액**이 없다면 위는 위산 때문에 **녹아서 사라져 버릴지도 몰라.**

위벽: 사람이나 동물 몸속 위의 안쪽 벽.

쿵쿵쿵, 뉴질랜드 로터루아라는 마을은 온천에서 나는 유황 때문에 **썩은 달걀 냄새가 나.**

오스트레일리아의 어떤 예술가는 수술로 자기 팔뚝에 귀를 붙였어. 그럼 귀가 3개겠네!

오스트레일리아의 한 예술가는 **사람의 털, 치아, 자른 손톱**으로 **장신구**를 만들어.

장신구: 반지, 귀고리, 목걸이처럼 몸을 치장하는 데 쓰는 물건.

햇빛을 비췄을 때 보이는 대부분의 **먼지는** 몸에서 떨어져 나간 피부 조각이야.

미국 캘리포니아에 사는 한 남자가 토마토 소스와 치즈, 양상추를 넣은 샌드위치를 1분 57초 만에 만들었어. 그런데 손이 아니라 발로 만들었대. 와우!

더러운 운동화 뽑기 대회에서 가장 구린내 나는 신발을 가지고 온 어린이에게 2500달러 상금을 줘. 우리 돈으로 약 300만 원!

어떤 캐나다 남자가 **11.4센티미터짜리 드릴용 나사못**을 자기 콧속에 집어넣었대. 왜 그런 거야!

장선(창자실) =
새끼 양의 창자로 만든 가늘고 질긴 줄.
테니스 라켓, 바이올린이나 기타 줄을 만들 때 써.

영국의 어떤 예술가가 무려 2년 동안 **말린 코딱지를** 모아서 **'코딱지 공'을** 만들었어.

물개의 눈알은 캐나다 북부 지방에 사는 이누이트 어린이들에게 **특별한 먹을거리야.** 영양이 아주 풍부하거든.

인도네시아의 한 건설 회사는 **소똥으로 만든 벽돌로 집을 지어. 그것도 튼튼하게!**

오래 입어 낡아 버린 속옷으로
소파와 카 시트 속을 채울 수 있어.
멋진 재활용이지, 안 그래?

버마왕뱀이 **악어**를 한입에 꿀꺽 삼키려다가 그만 배가 터져 죽고 말았어. 쯧쯧!

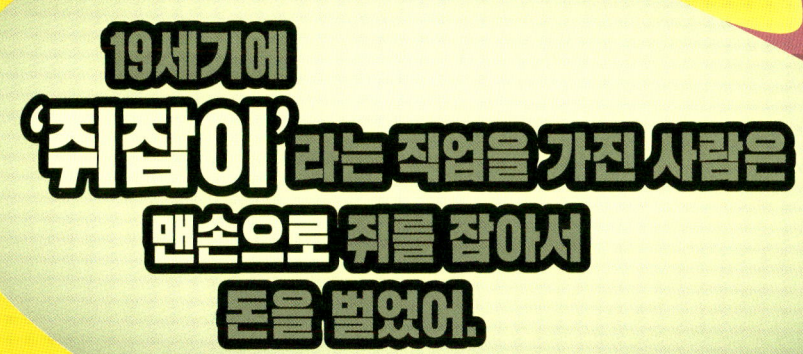

19세기에 '쥐잡이'라는 직업을 가진 사람은 맨손으로 쥐를 잡아서 돈을 벌었어.

어떤 해삼은
자기를 잡아먹으려는 천적한테
독이 들어 있는 점액을 뿌려.
작다고 얕잡아 보면 큰일 나.

일본에는 **살아 있는 새우나 오징어를** 초간장에 찍어 먹는 **'오도리구이'** 라는 요리가 있어. **입에 넣는 순간에도 살아 움직일걸!**

전갈이 들어 있는 **막대 사탕**이야.
사과 맛, 바나나 맛, 블루베리 맛 중에 골라서 먹어 보렴!

달에 도착한 **우주 비행사들**은 그곳에 똥, 오줌, 토사물 등을 100봉지 가까이 버렸어.

세계 몇몇 나라에서는 **원숭이 머리**나 **뇌**를 요리해서 먹었어. 지금은 동물 보호 때문에 점점 금지되고 있지.

메테인: 방귀를 뀔 때 나오는 가스 중 하나. 지구 온난화를 일으키는 중요한 원인이다.

영국의 국가에 맞춰서 방귀를 뀔 수 있는 공연 예술가의 별명은?

메테인맨! 뿡뿡!

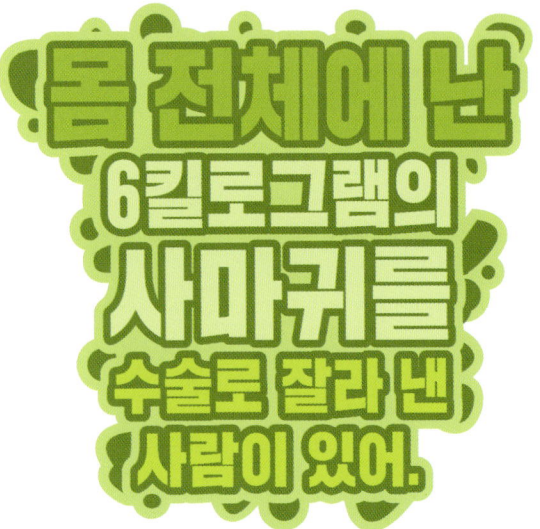

몸 전체에 난 6킬로그램의 사마귀를 수술로 잘라 낸 사람이 있어.

1898년에 한 발명가는 씹던 풍선껌을 담아 두는 목걸이를 만들어서 특허를 받았어.

기분에 따라 특별한 치약으로 양치질을 해 보자! 이건 어때?

커리 향 치약!

한 음료 회사에서는 추수 감사절 때만 되면 **칠면조 고기**와 **그레이비소스 맛**이 나는 탄산음료를 팔아. 벌컥벌컥. 꺼억!

추수 감사절: 한 해에 한 번, 가을에 곡식을 거둔 뒤 감사 예배를 올리는 기독교 명절.
그레이비소스: 고기를 철판에 구울 때 생기는 국물에 후추, 소금, 캐러멜 등을 넣고 졸인 소스.

낫토 = 삶은 콩을 발효시킨 일본의 전통 음식. 세계 5대 건강 식품 중 하나지만, **양말** 구린내가 난다나?

베이컨 맛 풍선껌도 있어. 먹어 볼까?

한 패션 디자이너가 **생고기 드레스**를 만들었어. 미국의 유명 가수가 누구나 **평등**하다는 **메시지**를 전하려고 시상식에서 입었는데 **인기 폭발**이었지.

평등: 차별 없이 고르고 한결같이 대우하는 것. 이 가수는 생각, 취향, 삶의 방식에 관계없이 누구나 고기를 먹을 수 있다는 것을 보여 주고자 생고기 드레스를 입었다고 말했다.

지렁이는 물고기가 좋아하는 먹잇감이라서 낚시할 때 미끼로 많이 써.

어떤 남자는 **머리카락**에 **지렁이**를 매달아 낚시를 즐겼대.

한 디자이너가 **사람의 피로** 불이 켜지는 전등을 만들었어. 불을 켜고 싶을 때마다 피를 흘려야 한다니!

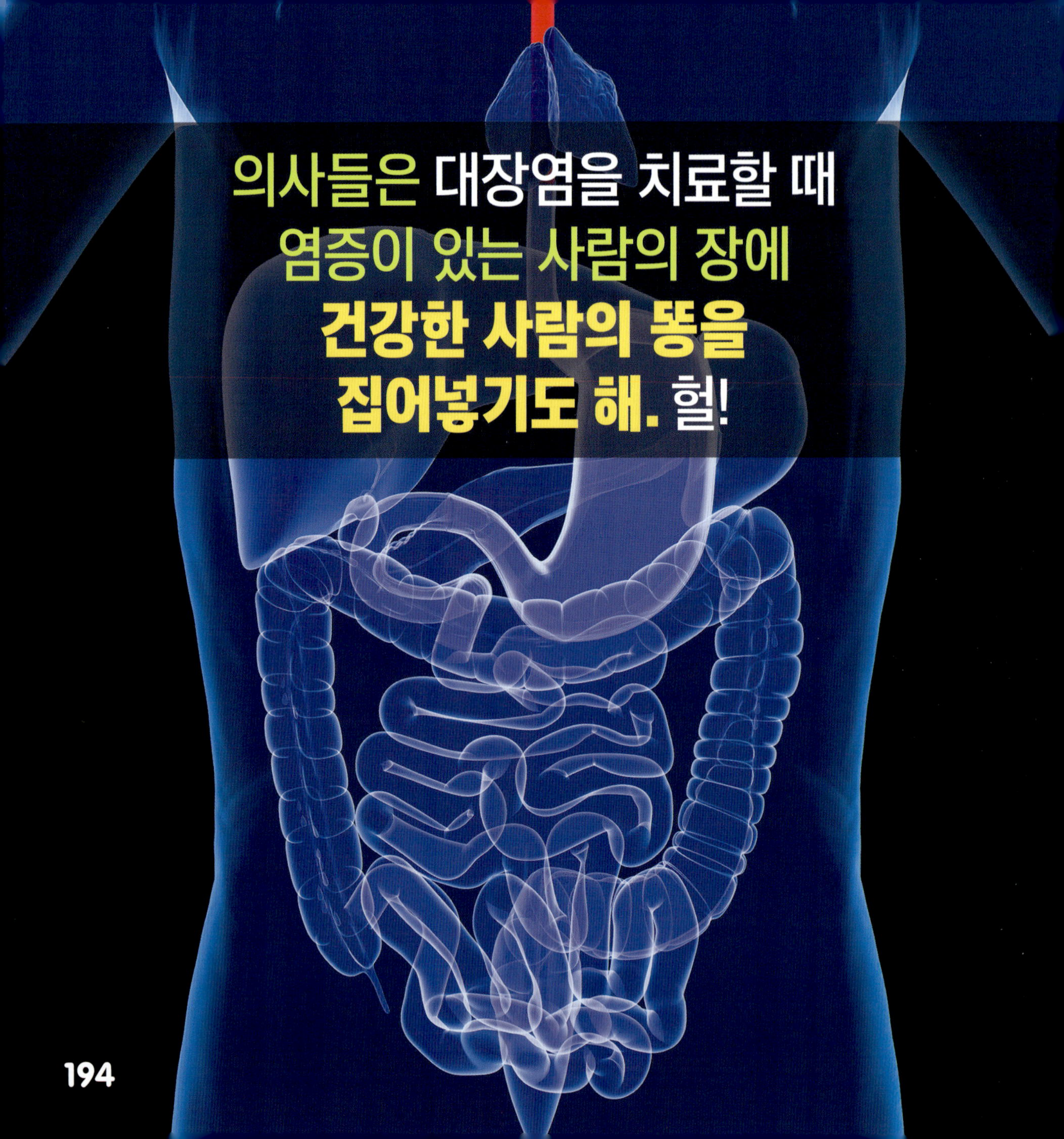

의사들은 대장염을 치료할 때 염증이 있는 사람의 장에 **건강한 사람의 똥을 집어넣기도 해.** 헐!

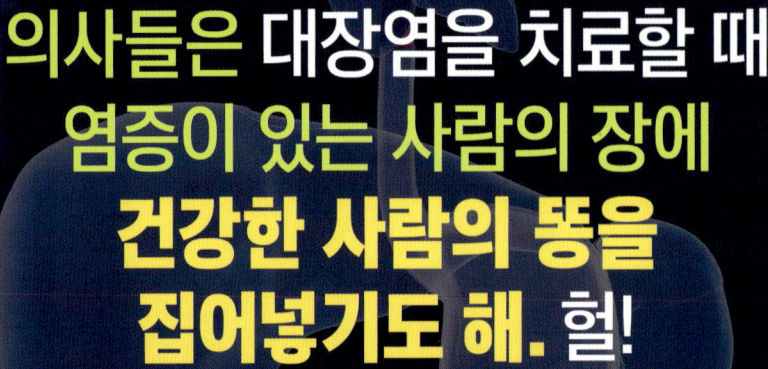

미국의 어느 장거리 달리기 선수는 달릴 때 발톱 부상을 막으려고 발톱을 전부 빼 버렸어요.

인도의 카르니 마타 사원 안에는 **20,000마리**나 되는 **시궁쥐**가 뛰어다녀. 찍찍!

그중 한 마리가 사원에 방문한 사람의 발을 가로지르면 행운이 찾아온대! 정말?

사원: 종교 활동을 하는 장소.

일본의 몇몇 아이스크림 가게에는 **구운 계란 맛, 소 혓바닥 맛, 말린 새우 맛** 아이스크림을 팔아.

한 캐나다 예술가는 여러 가지 맛이 나는 **껌**을 **씹고** 붙여서 **유명인들의 초상화**를 만들어.

서울의 수돗물은 정수기 물이나 병에 파는 물만큼 안전하다고 해.

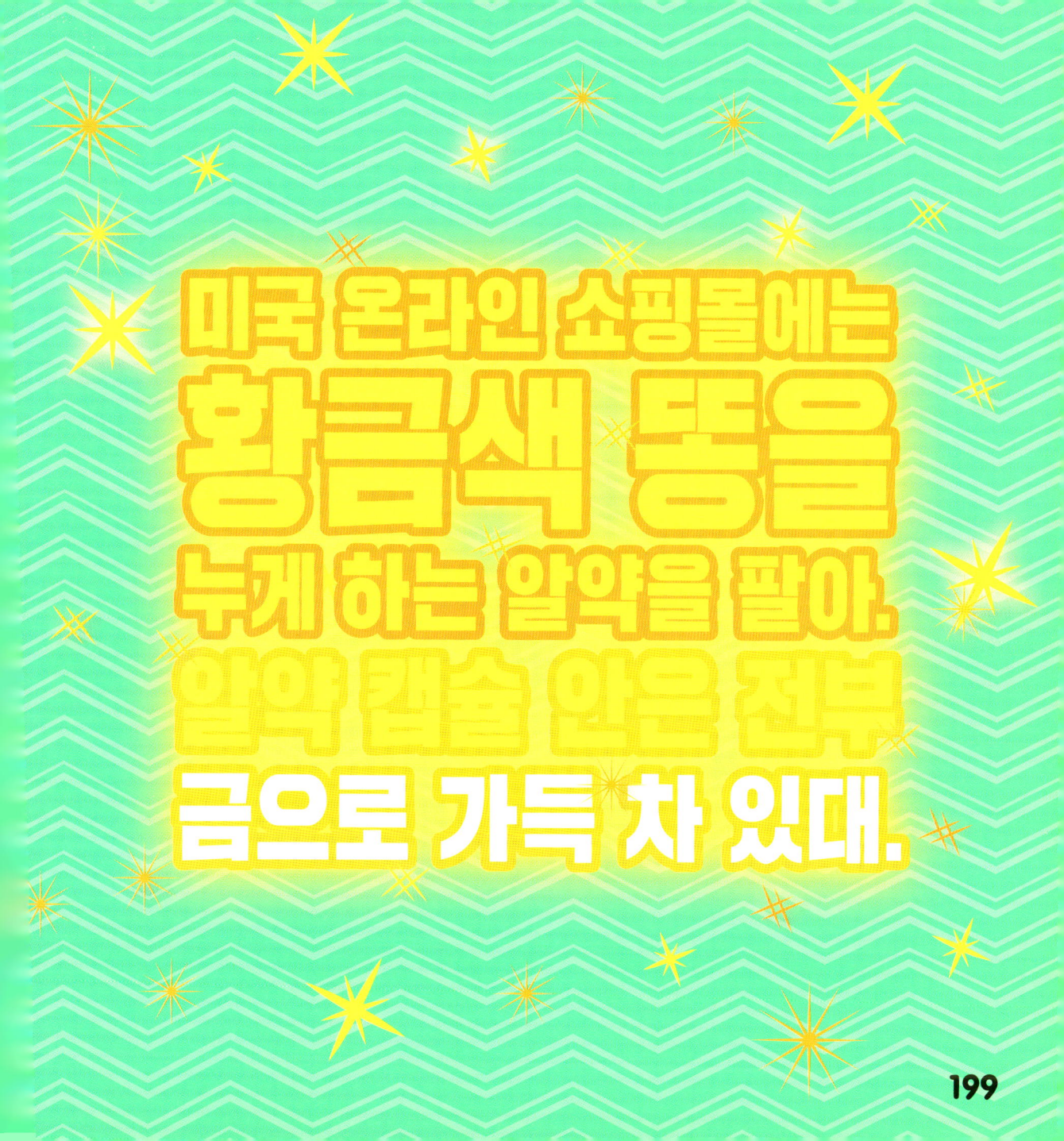

기발하고 괴상하고 웃긴 퀴즈 타임!

❶ 코뿔소는 (　　　　) 냄새로 의사소통을 해. (힌트 6~7쪽)

❷ 호텔 방에서 가장 세균이 많은 곳은? (힌트 8쪽)

❸ 사람의 코에서는 (　　　　)분마다 새로운 콧물이 만들어져. (힌트 16쪽)

❹ 바다이구아나가 머리 꼭대기 땀샘으로 내뿜는 것은? (힌트 24쪽)

❺ 악수를 할 때보다 주먹 인사를 할 때 세균이 20배 더 많이 퍼져. (힌트 34쪽)   O . X

❻ 비행기에 있는 접이식 테이블에는 박테리아가 변기보다 (　　　　)배 더 많아. (힌트 51쪽)

❼ 상어 고기를 오랫동안 삭히고 말려서 만드는 아이슬란드 전통 음식은? (힌트 59쪽)

아래의 퀴즈를 풀고,
업그레이드 된 과학 지식을 확인해 보세요.

실력 좀 볼까?

❽ 돼지는 진흙탕에서 구르면서 **목욕을 해.** (힌트 66쪽)   O . X

❾ **1500년대** 영국 사람들은 **옷감에 물을 들일 때** 동물의
(   )에 푹 담갔어. (힌트 74쪽)

❿ **악어가 먹이를 먹을 때** 가끔 **눈 주위**에 생기는 것은? (힌트 85쪽)

⓫ 고대 이집트인들은 (   )로 **목욕을** 하면 **건강해진다고** 믿었어. (힌트 88쪽)

⓬ **주방의 기름때나 죽은 쥐를 먹고 사는 곤충의 이름은?** (힌트 95쪽)

⓭ 동남아시아 열대 과일인 **두리안**은 냄새가 아주 **달콤해.** (힌트 96쪽)   O . X

⓮ **상어**는 (   )로 **오줌을 눠.** (힌트 102~103쪽)

⓯ 바다 오염을 조사하려고 대왕고래의 (   )를 연구해. (힌트 109쪽)

⓰ 향유고래의 내장에 들어 있는 끈적끈적한 물질로, 향수를 만드는 데 쓰이는 것은? (힌트 116쪽)

⓱ 오스트레일리아에 사는 웜뱃이 누는 똥 모양은? (힌트 121쪽)

⓲ 사람의 몸이 하루 동안 만드는 침의 양은 (   )리터쯤 돼. (힌트 126쪽)

⓳ 표범도마뱀붙이는 단단한 덩어리로 된 오줌을 눠. (힌트 127쪽)   O . X

⓴ 발가락 사이사이에 양말 보풀, 먼지, 각질 등이 뭉쳐 있는 것은? (힌트 137쪽)

㉑ 중국자라는 (   )으로 오줌을 눠. (힌트 141쪽)

㉒ 바퀴벌레는 머리 없이 하루도 못 살아. (힌트 143쪽)   O . X

202

㉓ **먼지, 꽃가루, 모래 가루** 같은 것들이 **콧물과 섞여서 말라붙은 것은?** (힌트 151쪽)

㉔ ( ) **비늘**에서 얻은 성분으로 반짝이는 **립스틱과 매니큐어**를 만들기도 해. (힌트 165쪽)

㉕ **송아지, 돼지, 새끼 양** 등의 **가슴샘** 혹은 **췌장을 구운 음식은?** (힌트 167쪽)

㉖ 세계에서 **가장 큰 거머리의 이름은?** (힌트 173쪽)

㉗ 지구에서 **가장 큰 생물**은 거대 버섯 **아밀라리아야.** (힌트 184쪽) O , X

㉘ **대장염을 치료**할 때 염증이 있는 사람의 장에 **건강한 사람의 똥을 집어넣기도 해.** (힌트 194쪽) O , X

㉙ 미국의 한 **장거리 달리기 선수**는 ( )을 전부 **빼 버렸어.** (힌트 195쪽)

㉚ **서울의 수돗물**은 정수기 물만큼 **안전해.** (힌트 198쪽) O , X

정답 : 15. 지지 / 16. 왕성해 / 17. 고추를 땅콩 / 18. 1,5 / 19. O / 20. 물냉면 때 / 21. 잎 / 22. × / 23. 코딱지 / 24. 물고기 / 25. 스위트브레드 / 26. 자이언트킹기니 거머리 / 27. O / 28. O / 29. 물니 / 30. O

203

찾아보기

ㄱ
가발 24
가시올빼미 19
각질 4
개미 알 151
고대 로마 76, 160
고대 이집트 66, 88, 89, 151
고생물학자 60
곤충 식당 63
공작새 154
구기 33
구더기 9, 90, 109, 166, 174
구토 혜성 105
굳은살 65
귀지 109, 141, 161
기니벌레 136
기생충 94, 136, 144
깡충거미 133
끈끈이주걱 45
끈벌레 85

ㄴ
나선구더기 41
나일강 89
낙타 82
낫토 190
뇌 37, 86, 89, 94, 160, 171, 186
눈동자 106

ㄷ
단백질 109, 187
대장염 194
댕기박새 30
도둑개미 95
독수리 80
돼지 66, 135, 167
두리안 96
두통 57, 156
둥지 13, 19, 30
드워프보아 113
디저트 57
땀 35, 61, 101, 147
똥 5, 6, 9, 28, 56, 83, 94, 124, 152, 153

ㄹ
로터루아 176
리모컨 8
림버거 치즈 147

ㅁ
말파리 27
매너티 17
머릿니 14, 66
먹장어 17
메뚜기 튀김 161
모낭 58
목욕 68, 88, 151
물장군 161
미국 식품의약국 9
미국악어 97
민달팽이 119

ㅂ
바다 돼지 150
바다이구아나 24
바다제비 13
바퀴벌레 37, 68, 143
박테리아 20, 26, 31, 51, 80, 99, 137, 147
발톱 44, 123, 195
방귀 17, 23, 31, 44, 87, 188
배꼽 26, 79
백파이프 75
버마왕뱀 182
법곤충학자 47
벼룩 66, 158
변기 20, 51, 57, 96, 99, 149, 155
불개미 146
블랙푸딩 98
블롭피쉬 2
비계 53, 76, 98
빈대 22, 66, 114
뾰루지 68
뿔도마뱀 21

ㅅ
사마귀 188
상어 59, 102
생고기 드레스 190
생쥐 76, 83, 158
세균 8, 34, 66, 145
소금 24
소똥 67, 158, 181

소장 27, 134, 143
속눈썹 58
손톱 71
쇠똥구리 19, 28
수리부엉이 160
수영장 9, 49
슈렁큰 헤드 40
스위트브레드 167
스코토플레인 150
시궁쥐 42, 197
시체꽃 21
심장 15
십이지장충 143
썩은 달걀 14

ㅇ
아르키에드 46
아르헨티나개미 21
아미노산 55
아밀라리아 184
아프리카산 찌르레기 90
악어 17, 85, 89, 182
에스키모 아이스크림 53
오줌 9, 12, 49, 65, 74, 75, 76, 80, 102, 113, 117, 127, 141, 152, 186
용연향 116
우주 92
우주 비행사 104, 105, 186
웜뱃 121
유충 27, 41
이베리아영원 117

ㅈ
장선 180
재채기 120, 132
전갈 62, 170, 186
점액 17, 138, 156, 176, 185
좀비 86
주머니쥐 35
쥐잡이 183
지렁이 36, 174, 192
지방 57, 89
진드기 9, 35, 58, 66, 90
집먼지 진드기 67, 110, 111
집파리 4
쯔쯔가무시 132

ㅊ
찻잎 9
침 13, 35, 64, 82, 120, 126
침노린재 20
칫솔 80

ㅋ
캐나다기러기 10
코딱지 151, 166, 168, 181
코뿔소 6, 90
코알라 124
콧물 16, 120, 151
키싱 버그 20

ㅌ
타르 84
터키콘도르 143
털 30, 38, 61, 145, 166
토사물 108, 147
투탕카멘 89
트림 115
틀니 81

ㅍ
파리 90, 187
파충류 147
판다 9
팔랑나비 136
펠릿 108
폭탄먼지벌레 27
표범도마뱀붙이 127
피 15, 57, 69, 88, 92, 93, 97, 101, 108, 125, 173, 192

ㅎ
하마 89, 101
하수구 42, 83, 107
하우카르틀 59
해기스 81
해면 77
해삼 115, 150, 185
흡혈되새 69
흡혈박쥐 93
흰개미 31, 87

지은이 내셔널지오그래픽 키즈

내셔널지오그래픽 협회는 1888년 설립되어 130년 넘게 우리를 둘러싼 지구를 이해하기 위한 여러 가지 프로젝트를 실행하고 있다. 내셔널지오그래픽 매거진은 매달 28개국과 23개의 언어로 수백만 명의 독자들을 만나고 있으며, 어린이 출판 브랜드인 내셔널지오그래픽 키즈는 과학, 모험, 탐험 콘텐츠를 독보적인 수준의 사진 자료와 함께 제공하고 있다.

옮긴이 신수진

한국외국어대학교 영어과를 졸업한 뒤 오랫동안 출판사에서 어린이책 편집자로 일했다. 자연이 아름다운 제주도에 살면서 어린이책을 번역하고, 그림책 창작 교육과 전시 기획을 하고 있다. 그동안 옮긴 책으로는 「내 친구 스누피」, 「배드 가이즈」 시리즈와 『많아도 너무 많아!』, 『완벽한 크리스마스를 보내는 방법』, 『젓가락 짝꿍』 등이 있다.

1판 1쇄 펴냄 - 2022년 1월 10일, 1판 2쇄 펴냄 - 2023년 1월 12일

지은이 내셔널지오그래픽 키즈 **옮긴이** 신수진 **펴낸이** 박상희 **편집장** 전지선 **편집** 이혜진, 이정선 **디자인** 신현수
펴낸곳 (주)비룡소 출판등록 1994. 3. 17.(제16-849호) 홈페이지 www.bir.co.kr
주소 06027 서울시 강남구 도산대로1길 62 강남출판문화센터 4층 **전화** 영업 02)515-2000 팩스 02)515-2007
제품명 어린이용 반양장 도서 **제조자명** (주)비룡소 **제조국명** 대한민국 **사용연령** 3세 이상

WEIRD BUT TRUE! GROSS
Copyright © 2016 National Geographic Partners, LLC.
Korean Edition Copyright © 2022 National Geographic Partners, LLC.
All rights reserved.
NATIONAL GEOGRAPHIC and Yellow Border Design are trademarks of the National Geographic Society, used under license.
이 책의 한국어판 저작권은 National Geographic Partners, LLC.에 있으며, (주)비룡소에서 번역하여 출간하였습니다.
저작권법에 의해 한국 내에서 보호를 받는 저작물이므로 무단 전재와 무단 복제를 금합니다.

ISBN 978-89-491-3205-1 74030 / ISBN 978-89-491-3201-3 (세트)

사진 저작권

Cover: (blob fish), Kerryn Parkinson/ZUMAPRESS/Newscom; (cockroaches), Revensis/Dreamstime; (gum on shoe), Africa Studio/Shutterstock; (BACK), Ramona Kaulitzki/Shutterstock; spine, Revensis/Dreamstime; (LO LE) r.classen/ Shutterstock; (UP LE) Cigdem Sean Cooper/ Shutterstock; (CTR) Eric Isselee/ Shutterstock; (UP RT) dwi putra stock/ Shutterstock; Illustrations throughout by Julide Obuz Dengel, Callie Bonaccorsy, and Maduza Design; 1 (cockroaches), Nengloveyou/Dreamstime.com; 1 (right), Africa Studio/ Shutterstock; 2 (LO), Kerryn Parkinson/ZUMAPRESS/ Newscom; 2-3 (cockroaches), Nengloveyou/Dreamstime.com; 4, r.classen/Shutterstock; 6-7, Djerasmus/Dreamstime.com; 9 (LO RT), Eric Isselée/Shutterstock; 10-11, Elliotte Rusty Harold/Shutterstock; 13, Fletcher & Baylis/Science Source; 17, Norbert Wu/Science Faction/Corbis; 18-19, Tom Vezo/ Nature Picture Library; 19 (LO RT), Photobee/Dreamstime.com; 20 (LO), The Natural History Museum/Alamy; 21 (LE), Avmedved/Dreamstime.com; 21 (UP RT), Robin Treadwell/ Science Source; 21 (LO), John Cancalosi/ARDEA; 24-25, Mark Carwardine/Nature Picture Library; 28-29, Cooper5022/ Dreamstime.com; 30, William Leaman/Alamy; 31, Sydeen/ Dreamstime.com; 32, Ra'id Khalil/Shutterstock; 35, Joe McDonald/Corbis; 36, Fishbgone/Dreamstime.com; 37, Nengloveyou/Dreamstime.com; 38-39, Debbie Christophers/ National Geographic Creative/Corbis; 42-43, Songquan Deng/ Shutterstock; 45, Chris Mattison/FLPA/Minden Pictures; 48-49, Chad Ehlers/Alamy; 51, Cavendish Press/Splash News/ Newscom; 52 (LE), Czalewski/Dreamstime.com; 52 (BACK), homydesign/Shutterstock; 53 (UP), AP Photo/Al Grillo; 53 (LO), M. Unal Ozmen/Shutterstock; 54, National Geographic Creative/Getty Images; 56 (BACK), Socrates/Dreamstime.com; 56 (LO LE), NatalieJean/Shutterstock; 56 (UP), Cigdem Sean Cooper/Shutterstock; 57, Reuters/Nicky Loh; 58, Quayside/Dreamstime.com; 62, StockFood/Westend61; 64-65, Walleyelj/Dreamstime.com; 64 (UP), AdShooter/Getty Images; 67, yogesh more/Alamy; 68, smuay/Shutterstock; 69, Agencja Fotograficzna Caro/Alamy; 70, Dongzi - CNImaging/Newscom; 71, AP Photo/Seth Wenig; 72, WENN.com/Newscom; 78, Xin Ai - CNImaging/Newscom;80, Musat/Dreamstime.com; 81, Paulcowan/Dreamstime.com; 83 (UP LE), CreativeNature R. Zwerver/Shutterstock;83 (CTR RT), Yeko Photo Studio/ Shutterstock; 83 (LO RT), Picsfive/Shutterstock; 86, Patrick Landmann/Science Source; 89 (LO), jocic/Shutterstock; 90-91, Bill Raften/Getty Images; 93, Kentoh/Dreamstime.com; 95, Ajay Kumar/Alamy; 96 (UP), Arisanjaya/Dreamstime.com; 96 (LO), AFP/Getty Images, 98, Pat-swan/Dreamstime.com; 101, NHPA/Photoshot/Newscom; 102-103, National Geographic Creative/Getty Images; 104-105, NASA; 106, Anemone/Shutterstock; 107, WENN.com/Newscom; 108 (UP),Ionia/Shutterstock; 108 (LO RT), Philippe Clement/Nature Picture Library; 110-111, Sebastian Kaulitzki/Shutterstock; 112, Aconcheng/Dreamstime.com; 113, Isselée/Dreamstime.com; 115, Mint Images RM/Getty Images; 117, age fotostock/ Alamy; 118, megscapturedtreasures/Shutterstock; 121, Marco Tomasini/Shutterstock; 122, Artistan/Dreamstime.com; 124, Eric Isselée/Shutterstock; 127, Reinhold Leitner/ Shutterstock; 128, Enrique R Aguirre Aves/Getty Images; 130-131, Vilainecrevette/Shutterstock; 133, Roger Eritja/ Getty Images; 135, roblan/Dreamstime.com; 136, Rick & Nora Bowers/Alamy; 139, Franck Robichon/EPA/Newscom; 141, Think4photop/Dreamstime.com; 143 (LE), Science Picture Co./Corbis; 143 (LO RT), Science Photo Library/Getty Images; 145, 3445128471/Shutterstock; 146, Nature Picture Library/ Alamy; 148-149, AP Photo/Vincent Yu; 149, Gauri Kulkarni Suryawanshi; 150, David Wrobel/Visuals Unlimited/Corbis; 154, Matej Kastelic/Shutterstock; 156, Photo Researchers RM/ Getty Images; 157, Village Production/Getty Images; 158, Eric Isselée/Shutterstock; 160, Stephen Mcsweeny/Dreamstime.com; 161 (UP CTR), wonderisland/Shutterstock; 161 (UP RT), Rick Rhay/Getty Images; 161 (LO LE), ilolab/Shutterstock; 161 (LO CTR), kzww/Shutterstock; 163 (LE), United National Photographer/REX/Newscom; 163 (UP RT), Verastuchelova/ Dreamstime.com; 164 (BACK), Andrey_Kuzmin/Shutterstock; 166, r.classen/Shutterstock; 168, Talvi/Shutterstock; 170, MRS.Siwaporn/Shutterstock; 172-173, Galamik/Dreamstime.com; 179, Ajn/Dreamstime.com; 182 (LE), Bildagenturonline/ McPhoto/Alamy; 182 (RT), Chris Mattison/Alamy; 184, Els Branderhorst/Buiten-beeld/Minden Pictures/Corbis; 186, Sean Gallup/Getty Images; 188, Photo by J. Quinton/ WireImage/Getty Images; 190 (UP LE), Afl o Co., Ltd./Alamy; 190 (LO RT), AP Photo/Mark Duncan; 191, jeehyun/ Shutterstock; 194, iStock.com; 196-197, Wildcat78/Dreamstime.com; 200, Eric Isselée/Shutterstock; 201, Chris Mattison/ Alamy; 202, National Geographic Creative/ Getty Images; 203, Nengloveyou/ Dreamstime.com; 206, Eric Isselée/Shutterstock; 208, Chris Mattison/ FLPA/Minden Pictures